千年學府文庫

U0883488

現代社會學

李達 編著
陳峰 整理

湖南大學出版社・長沙

圖書在版編目（CIP）數據

現代社會學 / 李達編著；陳峰整理. -- 長沙：湖南大學出版社，2024.11--（千年學府文庫）.
ISBN 978-7-5667-3763-2

Ⅰ. C91

中國國家版本館CIP數據核字第2024W2H197號

現代社會學
XIANDAI SHEHUI XUE

編　　著：李　達
整　　理：陳　峰
責任編輯：王桂貞
印　　裝：長沙超峰印刷有限公司
開　　本：787 mm × 1092 mm　1/16　　印　　張：22　　字　　數：179千字
版　　次：2024年11月第1版　　印　　次：2024年11月第1次印刷
書　　號：ISBN 978-7-5667-3763-2
定　　價：118.00 圓

出 版 人：李文邦
出版發行：湖南大學出版社
社　　址：湖南・長沙・岳麓山　　郵　　編：410082
電　　話：0731-88822559（營銷部），88821594（編輯室），88821006（出版部）
傳　　真：0731-88822264（總編室）
網　　址：http://press.hnu.edu.cn
電子郵箱：wanguia@126.com

版權所有，盜版必究
圖書凡有印裝差錯，請與營銷部聯繫

『千年學府文庫』編輯出版領導小組

組　長：劉　衛　段獻忠

成　員：曹升元　李樹濤　蔣健暉
汪衛斌　孙　煒　李肯立
唐珍名　陳仁朋　姜　潮

出版説明

湖南大學歷史上承嶽麓书院，書院肇建於公元九七六年，爲我國古代四大書院之一，歷經宋、元、明、清，朝代更迭，學脉綿延，弦歌不絶。一九〇三年，書院改制爲湖南高等學堂。清末民初，學制迭經變遷，黌宫數度更易。一九二六年定名爲湖南大學，一九三七年改歸國立。一九五三年全國高校院係調整，學校更名爲中南土木建築學院，一九五九年恢復湖南大學校名。享有千年學府之盛譽，承載着我國教育的發展歷程和厚重的文化積澱，是中國教育史、學術史、思想史、文化史的一個縮影。

惟楚有材，於斯爲盛。從嶽麓書院到湖南大學，一批批學者先賢在此教書育人、著書立説，人才之盛，達成之功，史有明徵，班班可考。爲表彰前賢之述作，昭示後生以軌範，開啓學海津梁，溝通中西文明，弘揚大學之道，傳承中華文化，值此嶽麓書院創建一千零四十周年暨湖南大學定名九十周年華誕之際，中共湖南大學委員會、湖南大學决定編纂出版《千年學府文庫》。兹謹述編纂原則如次：

一、以『成就人才，傳道濟民』爲主綫，以全面呈現千年學府發展歷程、辦學模式、師生成就、學術貢獻爲目標，收録反映千年學府學制變遷與文化傳承的學術著述。

二、選録人物係湖南大學及前嶽麓書院、時務學堂、湖南高等學堂、高等實業學堂、優級師範學堂、高等師範學校、公立工業專門學校、法政專門學校、商業專門學校、國立商學院、國立師範學院、省立克强學院、私立民國大學、省立音樂專科學校、中南土木建築學院、湖南工學院、湖南財經學院之卓有成效并具有重要影響之師生員工。已刊者選印，未刻者徵求，切忌貪多，惟期有用。

三、收録文獻，上起九七六年，下訖一九七六年，既合千年之數，更以人事皆需論定。

四、收録文獻，以學術著述、校史文獻、詩文日記爲主，旁及其他，力求精當，不務恢張。

五、收録文獻，有原刻者求原刻影印，無原刻者求善本精印，無善本者由本校校印。排版形式根據著述年代而定，古代著作采用繁體竪排；一九一九年至中華人民共和國成立前，原則上簡體横排，根據版本情況，亦可用繁體竪排，規範標點；中華人民共和國成立後的著作，用簡體横排。

六、文獻整理，只根據底本與參校本、參校資料等進行校勘標點，對底本文字之訛、奪、衍、倒作正、補、刪、乙，有需要説明的問題，則作出校記，一般不作注釋。

七、收録文獻，均由整理者撰寫前言一篇，簡述作者生平、是書主旨、學術價值、版本源流及所用底本等。

八、《千年學府文庫》圖書，尚待徵求選定，徵求所得，擬隨時付印，故暫無總目。

《千年學府文庫》卷帙浩繁，上下千載，疏漏缺失，在所難免，尚祈社會各界批評指正。

《千年學府文庫》編輯出版委員會謹識

二〇一六年十月

前言

李達（一八九〇—一九六六），名庭芳，字永錫，號鶴鳴，湖南零陵人。一九〇五年，入零陵蘋洲中學；一九〇九年，考入京師優級師範學堂；一九一三年，考取湖南留日官費生。在日本留學期間，李達受到俄國十月革命的影響，弃理從文，開始刻苦鑽研馬克思列寧主義著作。一九二〇年，李達回到國内，與陳獨秀、陳望道等人共同建立上海共産主義小組，創辦與主編秘密機關刊物《共産黨》（月刊），籌備中國共産黨第一次全國代表大會。在一九二一年七月召開的中國共産黨第一次全國代表大會上，李達當選爲中央局委員，任宣傳部主任，成爲中國共産黨的主要創始人與早期領導人之一。一九二二年，李達應毛澤東之邀回湘出任湖南自修大學校長，後該校遭軍閥趙恒惕强令關閉，李達便先後在湖南公立法政專門學校（湖南大學前身之一）、省立湖南大學法科任教。值得一提的是，在國民大革命失敗、國民黨白色恐怖籠罩的惡劣環境下，李達不改馬克思主義理論家的本色，有膽識，以傳播馬克思主義真理爲職志，《現代社會學》便是在這一背景下完成的。

一九二八年十一月，《現代社會學》（修訂版）在上海昆侖書店出版，李達爲此寫下《例言》置於卷首，對《現代社會學》的創作歷程略作説明。其文稱：

一、是書係余擔任湘大法科教授時所編著之講稿，民國十五年夏季應現代叢書社之要求，將原稿交與該社刊行問世，發行至再版爲止。現因昆侖書店編譯部之請，特將原書略加修改，自三版起，交由該店發行。

二、是書所以用文言編著者，係徇湘大法科學長及學生等之意見，原非得已，邇來因忙於讀書，無暇將原文改爲白話，讀者諒之。

三、余近覺是書頗有缺點，結構微嫌鬆懈，因此屢欲實行改編，亦因無暇著手，悉仍其舊，容稍假時期，當從新編著。

四、是書立論，大都以歐美日本之資本主義社會爲對象，對於半封建的中國社會，則未能多所説明，此雖在原則上不得不爾，然亦不得謂非是書之缺點也，惟望高明者幸賜教焉。①

民國十四年（一九二五）十一月，湖南省政府正式成立湖南大學籌備處，以工專、商專、法專三校合并成立湖南大學。民國十五年（一九二六）一月，湖南省政府頒布《湖南大學組織暫行條例》，省立湖南大學宣告成立，即李達《例言》中提及的『湘大』。在任教於湖南公立法政專門學校與湖南大學期間，李達將授課講義編爲《現代社會學》一書，一九二六年六月由湖南現代叢書社出版。一九二八年上海昆侖書店再版後，至一九三三年該書先後印行十四版。一九八〇年出版的《李達文集》第一卷編選了《現代社會學》的部分篇章，二〇一六年出版的《李達全集》將全書收録。

《現代社會學》共分十八章，前十三章論歷史唯物主義，後五章論科學社會主義，其内容體大思精，行文明白曉暢，理據深刻精闢。全書雖以『社會學』爲名，而依李達所釋，社會學作爲社會科學之一，『其研究之目的在探究社會進化之原理；其研究之方法，在追溯過去以説明現在，更由現在以逆測將來。』②這一目的與方法的揭示，正指向歷史唯物主義與科學社會主義的内核。在《現代社會學》中，李達通過對社會學性質的定位，對社會本質、構造、起源、發達、變革、進化諸問題的探討，對家族、氏族、國家、階級等關鍵概念的辨析，

① 李達：《現代社會學·例言》，上海昆侖書店，1928年，第1–2頁。

② 李達：《現代社會學序》，載《李達全集》第4卷，2016年，第3頁。該序文末題『民國十五年六月十三日於湖南大學』。

對社會思想、社會運動、帝國主義的評議，對社會發展趨勢的預測，以唯物史觀學説爲理論基石，博采古今中外的歷史事例與現實依據，建構了一套整全、科學的現代社會學體係。約略而言，《現代社會學》的突出特點與理論貢獻主要表現在如下四個方面。

一是對歷史唯物主義的核心概念予以準確闡述。《現代社會學》係統地闡述了歷史唯物主義的基本原理，包括生產力和生產關係、經濟基礎和上層建築等核心概念，以及這些原理在社會歷史發展中的重要作用。李達在《現代社會學》中開宗明義地批評了『契約的社會説』『生物的社会説』『心理的社會説』，力主歷史的唯物論，指出社會非由契約而成的，非由心性相感作用而起，非如有機體完全受自然法則所支配，而是由加入生產關係中的各個人結合而成的。在探討生產力與生產關係的矛盾運動規律上，李達指出：『生產關係與生產力相適應，則生產力能在生產關係中發展，倘生產力繼續發展至一定程度以上，而生產關係阻礙其發展時，當時之生產關係勢必改造……兩者互相調和，則社會之基礎安定；兩者不相調和，則社會之基礎動摇。』①這便點明了生產力作爲人類社會發展最積極因素的地位。生產力構成社會存在的基礎，社會、宗教、哲學、法律、政治組織均在此基礎上應運而生。

二、對科學社會主義的基本原理予以充分説明。在《現代社會學》中，李達對階級的形成、分化、衝突以及工人階級的突出地位等問題進行了詳實的探討。李達認爲：『馬克思嘗以土地、資本及工銀勞動爲三大係統觀察社會階級，蓋以階級由分配而生者也。生產之社會所得，分配於土地所有者、資本家及勞動者。』②而在

---

① 李達：《現代社會學》第三章《社會之構造》，上海昆侖書店，1928年，第32頁。

② 李達：《現代社會學》第十二章《社會階級》，上海昆侖書店，1928年，第198頁。

資本主義社會中，『無産階級之中堅爲工錢勞動者，彼等提供其勞動力於他人，换得一定之工銀，以爲唯一之生存手段。資本家由彼等購入勞動力，自由消費，藉以造出剩餘價值而占有之。』①在資産階級與無産階級的對立衝突之中，階級鬥争成爲推動社會進步、實現社會解放的最終形式，工人階級要在政治上奪取并掌握國家政權，在經濟上消滅資本主義私有制，實現『勞工專政』。對於『勞工專政』的手段與目標，李達引述列寧的觀點予以闡明，即『征服資本階級，根本剷除資本主義一切思想風俗習慣與制度，而確定社會主義之根基，同時以强制的權力，破壞資本階級壓迫勞動階級之機關，武裝勞動階級以解除資本階級武裝，制服一切反革命之反動力，徐圖經過此政治過渡期，鞏固新社會之基礎』②。

三、對中國社會歷史的重要問題予以科學解釋。儘管李達在序言中自謙《現代社會學》對半封建的中國社會未能深入研究，事實上，該書在闡述歷史唯物主義與科學社會主義原理時，時常引述中國社會歷史的例證，對中國古代社會制度、中國近代半封建半殖民地社會性質等問題進行了簡而有要的回答。如論周代封建制度，《現代社會學》分析其行政係統時指出，『小地主隸從於大地主，大地主隸從於最大之地主，即所謂天子統三公，三公率諸侯，諸侯制卿大夫，卿大夫治士庶人者也。』③由此點出周代封建制度的經濟基礎。又如論近代中國的社會性質，李達稱之『國際的半殖民地』④，是基於鴉片戰争以來，帝國主義列强以武力相威脅，向中國進

① 李達：《現代社會學》第十二章《社會階級》，上海昆侖書店，1928年，第209頁。
② 李達：《現代社會學》第十四章《社會思想》，上海昆侖書店，1928年，第271頁。
③ 李達：《現代社會學》第十一章《社會之進化》，上海昆侖書店，1928年，第169頁。
④ 李達：《現代社會學》第十六章《帝國主義》，上海昆侖書店，1928年，第307頁。

行商品與資本輸入，『中國之銅墻鐵壁，不能抵禦資本主義之侵蝕力，横覽禹域，雖窮鄉僻壤，殆無不有資本主義商品之足迹』，而在資本入侵的背景下，『今日中國手工業者失業者，雖欲求爲機械之奴隸亦不可得』。①這些重要的論斷，都是基於馬克思主義基本原理與中國具體實際相結合的分析得來的。

四、對中國革命鬥爭的目標手段予以深刻揭示。依李達所見，近代中國既有封建制度的壓迫，更有來自帝國主義的侵略，他指出：『帝國主義之爲禍於中國，至今日而極矣，金錢奴我以物質，宗教奴我以文明，教育奴我以服從，勾結我國賊，製造我内亂，塗炭我人民，迹其用意，直欲永遠陷中國於分崩離析萬劫不復之境，以繼續其掠奪宰割之政策而已。帝國主義不死，大盗不止，中國年來之國民革命運動，其殆爲帝國主義侵略之反響也歟！』②據此，在國家蒙辱、人民蒙難、文明蒙塵的近代屈辱史上，帝國主義已然成爲近代中國一切災難和禍害的總根源，自然也成爲近代中國争取民族獨立與人民解放的鬥争目標。要推翻帝國主義而實現民族獨立的革命運動，則首先要解決革命的領導權問題。李達根據列寧的學説，認爲只有無産階級才是民族革命的領導階級。中國的無産階級既要團結國内的革命力量，又必須與國際無産階級聯合，牢牢掌握革命的領導權，才能推動中國革命走向勝利。這些論斷，充分體現了以李達爲代表的中国共産黨人在推進馬克思主義中國化進程中的理論自覺。

正如著名的馬克思主義史學家侯外廬所説：『李達同志認为，宣傳馬克思主義的目的，在於「應用馬克思學説改造社會」，解決中國革命的實際問題。为了這個目的，他應用馬克思的唯物史觀對中國社會的歷史和現

① 李達：《現代社會學》第十六章《社會問題》，上海昆侖書店，1928年，第225–226頁。
② 李達：《現代社會學》第十六章《帝國主義》，上海昆侖書店，1928年，第309–310頁。

狀進行了廣泛而深入的研究，得出了不少合乎實際的科學論斷。如他在二十年代寫的《馬克思學説與中國》《現代社會學》《中國産業革命概觀》《社會之基礎知識》等著作中，闡述了中國社會的性質及中國革命的性質、任務和前途種種問題。』①吕振羽更稱贊：『李達老師是我國有係統地傳播唯物史觀的第一人，他的《現代社會學》一書是中國人自己寫的最早的一部聯繫中國革命實際、係統論述唯物史觀的專著。這部著作在當時影響之大，凡是親身經歷過那些歲月的老同志一定都不會忘却的。』②由此可見，無論是從馬克思主義傳播的宣傳廣度，還是馬克思主義真理闡釋的思想深度，李達的《現代社會學》均堪稱早期馬克思主義中國化理論成果的典範之作。

本次整理是以一九二八年十一月上海昆侖書店《現代社會學》爲底本，以《李達文集》《李達全集》等版本作出對校，并就原版中的模糊處加以補訂。因整理者水平有限，校補文獻不免訛誤缺憾之處，敬希讀者批評指正。

陳　峰

二〇二四年七月十七日

① 侯外廬《爲真理而鬥争的李達同志》，載張豈之主編《侯外廬著作與思想研究》第28卷，長春出版社，2016年，第140頁。

② 江明：《展讀遺篇淚滿襟——記李達和吕振羽的交往》，《文獻》1980年第4期，第13頁。

例言

一、是書係余擔任湘大法科教授時所編著之講稿，民國十五年夏季應現代叢書社之要求，將原稿交與該社刊行問世，發行至再版爲止。現因崑崙書店編譯部之請，特將原書略加修改，自三版起，交由該店發行。

二、是書所以用文言編著者，係徇湘大法科學長及學生等之意見原非得已，邇來因忙於讀書，無暇將原文改爲白話，讀者諒之。

三、余近覺是書頗有缺點，結構微嫌鬆懈，因此屢欲實行改編因無暇着手，悉仍其舊，容稍假時期，當從新編著。

四、是書立論，大都以歐美日本之資本主義社會爲對象，對於半封建的中國社會，則未能多所說明，此雖在原則上不得不爾，然亦不得謂非是書之缺點也，惟望高明者幸賜敎焉。

著者識　十七年十一月一日。

現代社會學目錄

現代社會學

李達 著述

第一章　社會學之性質

第一節　社會學之由來

科學爲時代之產兒，爲應付環境之工具。社會學亦然。社會學爲研究社會之科學，社會自有人類以來，卽已存在，而社會學必至近世紀始出現於世者，此無他，時代潮流有以激發之，環境變遷有以促成之也。

社會學之名稱雖創始於孔德(A.Comte)，而現代社會學的研究之起源，實托始於文藝復與時代。歐洲中世紀爲封建時代，社會之基礎建立於農業及手工業經濟之上，其在國家方面，則政教勾結，互爭雄長，特權階級由王公貴族及教皇僧侶構成，工商農奴呻吟憔悴於專制暴威之下者垂數百年。十字軍東征之結果，東西文化互相融合，工商業逐漸發達，工商業者經濟上之勢力亦逐漸發展，然其在政治上之自由，仍受特權階級之壓迫如故也。曠觀歷史演進之公例，大凡經濟上佔優勢之階級，未有不思取得政治上之優勢者，人民渴望自由之要求，已肇端於此矣。

降逮十五世紀末葉，印度航路及美洲新大陸繼續發見，交通之發達，殖民地市場之設立，亞美利加黃金之輸入，歐洲工商業之發達，一日千里，遂以促成十七十八世紀之產業革命。工商階級經濟上之勢力愈增加，其反抗特權階級，打破封建桎梏，掌握國家權力之念亦愈切，此『社會契約』『天賦人權』等思想，所以藉當時哲學的政論家發表而出也。

中世紀以來，『王權神授』『法皇神聖』之觀念，深入人心，由來已久，一旦企圖推翻舊習，提倡民權，非有確切不移之論據無以打破之。故馬獻僚（Marsiylio）援用契約說提倡人民主權論，維克里夫（Wycliffe）首創天賦人權論，援據經典，攻擊法皇，爲路得（Luthur）加爾文（Calvin）提倡宗教革命之先導。次之，摩爾（More）著『烏托邦』，主張國君由人民自由選舉，並提倡信敎自由，以反抗國王及法皇；康巴拿拉（Campanella）著『太陽都市』，描想理想國家之組織。各人立論，雖皆以時代潮流爲背景，惜其立論頗多援引聖經，專憑空想，太缺乏科學之根據耳。

自是之後，國家學者法理學者經濟學者社會思想家，接踵輩出，從事於社會之研究，益啓社會學成立之機運。其從事國家學的研究者，則有浩布思（Hoffes）陸克（Locke）盧梭（Rousseau）等之研究社會契約說，追溯人類之自然狀態，探求國家之起源，爲工商階級樹立民權之基礎。其從事法理學的研究者，則有孟德斯鳩（Montesquieu）等應用科學的方法，改造舊日法律之神學的觀念，研究法律與社會之關係，闡明法律之本質，爲工商階級建立所謂憲法國家之根據。其從事經濟學的研究者，則有亞丹斯密（Adam Smith）李嘉圖（Ricardo）馬爾薩斯（Malthus）等提倡自由主義，創建個人主義經濟學之體系。凡此種研究，自文藝復興時代以至十八世紀末葉，隨產業之發達而日趨隆盛，其所研究之對象，雖屬部分的社會現象，而其所提供之資料，已足以促進社會學之成立。惟於此有應注意者一事，以前學者對於社會之研究，大都不明社會與國家之區別，恆混二者爲一談，迨後因人類學風土學生物學及其他自然科學研究所得之結果，始知國家以前更有家族，國家以外更有社會，所謂『社會之發見與其他科學上之發見並列』者是也。

十八十九世紀之交，歐洲產業革命已趨成熟，工商階級利用經濟的優越勢力，推倒封建政治，建立民主政治，掌握國家權力，努力謀產業之自由發展，舊日封建社會組織，至是一變而爲資本社會組織矣。資本社會組織確立以後，社會從新分裂爲有產及無產兩大階級，有產階級利用其資本之威力，充分發揮其自由競爭之本能，無產階級感受經濟之壓迫，喘息於有產階級權威之下。社會生活，日趨複雜，弊害百出，恐慌迭起。社會問題，層出不窮，階級衝突，愈演愈烈，社會組織之不合理性，暴露無遺，因而社會思潮，遂澎湃於歐洲之天地，一時社會思想家如巴比(Babeuf)毛勒里(Morelly)高德文(Godwin)阿文多姆森(Thomson)聖西門(St.Simon)之流，接踵而起，其於社會之研究，各具不同之見解，議論紛紜，莫衷一是。認現社會爲正當者，則提倡改良主義，力謀維持現狀；認現社會爲不正當者，則提倡無政府主義或社會主義，企圖社會改革。世人對於社會之研究既如此其認眞，而其見解又如此其複雜，則建設一規律完整之科學，從根本上研究社會及其理法，在當時實爲切要之務，此孔德所以應時勢之要求而創建社會學，藉以完成其實證哲學之體系也。

第二節　社會學之趨勢

孔德以後，社會學異常發達，而派別亦極其複雜，語其趨勢，蓋已由科學的無政時代進至有組織時代，由生物學的研究達於心理學的研究者也。

生物學的社會學，重在應用生物學的智識，以研究社會。如彼斯賓塞（Spencer）之社會學，主張有機體說，謂社會之組織，進化與統治，概與生物體相同；如謝富勒 (Schaffle) 之社會學，則以社會與有機體相比較，以生物學上之分類法應用於社會；如里連富爾特 (Lilienfeld) 則完全應用生物學之法則與術語以說明社會是也。概括言之，此派社會學在依據進化論建築社會學，以證明社會進化與宇宙進化受同一原則之支配者也。此派社會學在十九世紀半期，異常發達。蓋當時爲資本主義全盛時代，社會生活之無政府狀態異常顯著，生存競爭之原理，直由動物社會移用於人類社會，而生物學的社會學實由此種背景反映而出，遂以成爲擁護資本主義社會組織之根據也。

心理學派社會學，重在用心理學的智識研究社會，近今大多數社會學者均屬之。烏德 (L.F.Ward) 之社會學，對於社會行心理學的積極的觀察，謂心理的因子爲社會進化之原動力；塔爾特以模仿爲社會學之對象；季定思（Giddings）以同類意識爲社會學之根本原理；齊美爾（Simmel）之社會學，研究人類心理的結合之法則及心的交互作用之理法，皆爲心理學的社會學之先驅。至於建立井然之體系者，要以愛爾華德（Ellwood）之社會心理學爲最完全也。概括言之，此派社會學在應用唯心論建築社會學，以證明改良社會必先改良人心之原則者也。此派社會學，自十九世紀末葉以來，日形發達，蓋資本主義之發展，今已達於最後階段，社會組織動搖，階級衝突劇烈，欲講求彌縫之策，惟有提倡改良主義，故社會學之趨向乃由唯物論轉入唯心論，此心理學派社會學所以盛行於今日也。

第三節　心理學派社會之批評

心理學的社會學，果能適合時勢應付環境與否，此爲本節應討論之問題。茲特取愛爾華德氏之社會心理學作爲此派社會學之代表，略加評論，以明社會學改造之必要。

心理學的社會學者，常自白其忠實於學問之態度，欲合物界心界舉行綜合的研究，而立論則恆注重於心理的方面，遂至執偏以概全。愛氏之社會心理學亦猶是也。彼謂社會由心理各要素造成，卽由各個體間交互刺戟與反應之諸形式及個體內部心理諸程序所造成者也。個體內部心理諸程序，如本能習慣感情智慧是；各個體間交互刺戟及反應諸形式，如交通暗示模仿同情衝突是。各個體內部本能習慣感情智慧，經交通暗示模仿同情衝突之傳播感應，遂以形成社會生活歷程。蓋本能卽自然衝動，如生殖求食防衞結羣等皆是，各個人因生殖與求食之關係而互相團聚，互相團聚之結果，彼此漸生心的相感作用，以謀其共同生活，遂以造成社會，是爲社會之起源。衆生羣居，相仿相效，互相適應，時日旣久，則互相調和，乃成社會活動一定之形式，而社會習慣以成。此種習慣，旣經公共遵守，遂結晶而成爲法律政治宗敎道德等規制，具有維持社會之功能，是爲社會之組織。社會習慣或個人習慣，常生變化。一切人羣，恆有使自身適於新環境之傾向，故各人彼此之關係亦必生變化，因而社會習慣亦生變化。如此新環境代替舊環境，則新習慣代替舊習慣，新社會組織代替舊社會組織，是爲社會之變遷。社會之變遷能使各個人彼此愈能融洽，社會愈能適於生存者，是爲社會之進步。本能與習慣，於社會之結合及組織上爲最重要之元素；感情於社會之維持及變遷上爲最重要之元素：智慧於社會之進步上爲最重要之元素。本能僅能使吾人順應於文明開始以前之生活情况，而不能順應於文明開始以後之生活情况；習慣僅能使吾人順應已往之環境，而不能順應現在之環境，感情能加强本能之活動力，增高行爲之標準，促進社會之變遷，然當適應或改變進行之時，易失其支配行爲之功用，故必有智慧以指導之，本能之施行，習慣之更新，感情之滿足，皆恃智慧助長之，故智慧因而發達，社會亦因而進步。故智慧實爲社會進步之主動力。至於培養智慧之發達，則歸功於教育。此愛氏社會心理學之梗概也。

心理諸要素能否直接造成社會歷程，吾人之意識能否左右吾人之社會生活，屬於後章研究之問題，茲所欲評論者乃此派學者所持社會改良之理論是也。

愛氏根據其基本觀念出發，亦承認社會組織不良，足以誘致激烈之社會革命。彼謂社會之得以維持安甯，由於各個人彼此能互相調和，共同生活於社會習慣與制度之下，故得相安於無事。惟習慣與制度變遷不居，適於今日者未必適於明日，苟當習慣與制度具有最高之改變性，而於多數人有不利之時，少數領袖人物與握政權之階級，如必欲堅持保守，則社會內部必至發生破裂及擾亂，卽發而爲社會革命。革命之結果，社會必經長期之混亂，足以誘致社會之退化。為避免社會退化，預防革命危險計，惟有謀階級之妥協與調和，特權階級苟能容納他階級之意見，關切公共之需要，體恤下層階級，則其他社會團體決不至乞靈於革命。此愛氏廢除階級鬥爭之理論也。階級之妥協能否實現，資本階級能否容納勞動階級之意見，能否體恤下層階級而關切勞動階級之需要，以及社會革命之能否消弭，此證之資本社會生活之狀況而可知，固無須吾人之加糾正也。

愛氏又承認社會不良足以發生社會問題，並承認貧窮階級發生之原因，有百分之八十由於經濟的關係，但不承認社會問題為經濟問題，而認為生物的及心理的或道德的問題，故斷定決非經濟改良所能解決。彼因承認社會問題為生物的及心理的問題，故主張用生物的進化法則為改造社會之基礎。彼謂經濟的平均分配，僅能滿足成人之需要，而忽於兒童或種族之需要，社會決無進步。欲期社會之進步，惟在培養優秀之兒童與善良之種族，使知注重生物的及精神的生活原素而已。且社會組織由共同習慣造成，社會由個人集合而成，欲改變社會共同習慣，須先得大衆同意，故改變社會習慣比改變個人習慣尤難。個人習慣猶難改變，更何論於社會習慣。故改造社會，決非革命方法所能濟事。社會秩序以本能習慣為基礎，革命之計畫雖足以改革法律制度，決難改革本能與習慣。苟強為之，終歸失敗。其次，生活上物質之需要，固為精神發展所必需，物質生活不滿足，精神生活當然無高等之發展。但物質上苟已取得最低量，即足以促進精神上之發展，如超過此最低量以上而有盈餘之時，則為禍為福，即難豫斷，所謂富者不必樂，即其明證。苟僅求滿足物質上之最低量，則改良現社會足矣，斯無要求改造經濟組織之必要。是故解決社會問題之方法，共有三端，其一實行人為淘汰以改變個人性質，產生最適宜者而滅絕不適宜者；其二由國家干涉，改良社會的狀況及經濟的狀況，矯正社會上及工業上之弊端；其三訓練個人之智力與性格，使個人完全能順應生存之需要，而後個人彼此始能最相適宜，社會始能最適宜於生存。此愛氏解決社會問題之理論也。

由以上所述，心理學派社會學擁護資本社會之色彩，已見一斑。就上述數點而論，愛氏既承認社會問題之原因有百分之八十由於經濟的關係，而其餘則由於個人性情上身體上或精神上之缺陷而生，何以認定社會問題為生物的心理的問題，而不認為經濟的問題？經濟的原因苟因經濟之改造而廢除，則社會問題已解決其百分之八十，則其餘之生物的心理的原因，不難因物質生活之提高而杜絕可知矣。愛氏又謂社會習慣之改變必須得大衆之同意，信如是，則資本社會之生活習慣，必爲資本階級所堅持保守而不輕於贊成改變也甚明。是資本社會之生活習慣，將成爲天經地義，永遠存在，其於愛氏所謂習慣變遷不居之言，豈不絕然相反？愛氏又謂『富者不必樂』，個人生活苟能仰賴國家改良經濟之立法，滿足其最低量之要求卽爲己足云云，與現今多數社會政策論者之主張適相脗合，然不得卽據以爲主張社會政策之根據也。富者之不必樂，蓋懼資財之將散失而不安也，恃金錢作惡而害其身也。苟分配得其平，貧富不致大相懸殊，則金錢不能作惡，亦無散失資財之懼，天性有不向上者乎？至對於社會問題所提之『人爲淘汰』『國家立法』『敎育陶冶』三項，尤非解决社會問題之要策。『人爲淘汰』之謂何，占世界人口大多數之無產階級，果能實行改良主義者所提倡之優生術乎？『國家立法』之謂何，現時之勞動問題，豈能純恃有產階級國家之立法以根本解决耶？『敎育陶冶』之謂何，無產者惟救死之不暇，更奚有餘力以受敎育哉？心理學派社會學者研究所得之結果，其不能適合時勢，應付環境，蓋彰彰明矣。

最近數十年，心理學派社會學者，力求於社會學上構造擁護資本社會之根據，逮愛氏出始爲資本主義築成社會學的萬里長城，其使命可謂已告完成矣。心理學的社會學之發達，可謂已臻極境，代之而起者，其惟歷史唯物論之社會學乎？

第四節　社會學之使命

研究社會學者，必先明社會學之使命。社會學之使命爲何，各派學者之見解不一。生物學派專以生物學之知識研究社會，謂生物進化之法則與宇宙進化之法則完全相同，故認定社會學之使命在確定自由主義之根據。國家學者專以政治學之知識研究社會，謂國家爲最大最尊之社會，國家發達卽社會之發達，故認定社會學之使命在證明國家主義之正確。心理學者專以心理學之知識研究社會，謂社會爲各個人心理之結合。個人之天性增高則社會亦隨而進步，故認定社會學之使命在提倡改良主義。予以爲皆非是也。社會學之使命，惟在於發見社會組織之核心，探求社會進化之方向，明示社會改造之方針而已。

普通社會學者恆侈言改良而諱言改造。彼等之意，以爲社會學在以科學方法研究社會組織及變化，而推求其眞理，促進社會之改造，苟談及社會之改造，便含有破壞性質，逸出科學範圍，即不能稱之爲社會學。此大謬也。社會學研究社會所得之眞理，可以促進社會之改良，亦可以促進社會之改造。如建築家之討論建築物然，爲目前計者主張修葺補綴，略加改良，爲久遠計者主張毀舊建新，另行改造，其主張雖不同，而其同屬於建築術研究之範圍則一也。又如政治家之研究政治組織然，主張王權神授者，則提倡專制政治，主張人權天賦者，則提倡共和政治，其見解雖不同，而其同屬於政治學研究之範圍則一也。依此類推，社會學應負改造社會之使命，不待煩言而解矣。

科學有所謂說明學與軌範學之分。說明學在根據一假設之原理以說明諸現象之因果關係，如物理學是：軌範學在研究人類行爲之標準，指示其理想之所在，如倫理學是，社會學實以說明學而兼軌範學者也。社會學之說明學的任務，即在於應用一根本原理，說明過去及現在社會之組織與變化，發見其因果關係。社會學之軌範學的任務，即在於推知社會進行之方向，指示吾人信仰之所在，以定改造現社會達到理想社會之方針，雖謂社會學爲指示理想社會之科學亦無不可也。雖然，今茲所謂理想社會，乃以科學方法，由歷史的社會的事實歸納而出，可以視爲軌範，以寄托吾人之信仰，與摩爾之『烏托邦』，傅立葉之(Fourier)『理想鄉』純出於架空想像者截然不同。今夫環繞於吾人之周圍而最能影響於吾人者，厥爲自然環境與社會環境。氣候風土，天災地變，毒蛇猛獸，惡疫夭死等，向稱不可抗力，此最能困擾吾人之自然環境也。民族競爭，國際戰鬥，國內紛亂，貧富懸絕，階級對抗，家庭不睦等，皆爲社會之缺陷，此最能妨礙人類幸福之社會環境也。自然環境，吾人既能應用自然科學之智識以征服之統御之，則此等社會環境，吾人詎不能運用智力以征服統御，使其適合於吾人之理想乎？社會的環境雖能影響於吾人，而吾人對於社會環境發出之意識的活動力，亦能轉移社會之方向。故吾人苟欲謀人類之幸福，斯不能不謀剷除此種社會之缺陷：欲謀剷除此種社會之缺陷，斯不能不研究社會之根柢，發見支配社會之理法，究知社會之目的，明示改造之方針，此社會學之使命也。

第五節 社會學與諸科學之關係

社會學之使命既明，茲進而論社會與諸科學之關係。

一　社會學與歷史學　歷史學依年代之順序，研究過去社會之事實，爲記述的科學；社會學研究社會構造與進化之理法，爲理論的科學。歷史學專注重過去而不及現在，社會學注重現在並追溯過去。社會學欲探求社會進化之原理，必須借助歷史學所提供之資料；歷史學欲解釋歷史事實之因果關係，必須應用社會學所提供之方法。故歷史學爲社會學之資料，社會學爲歷史學之方法。

歷史哲學研究社會事實發達之理法，其內容大部分與社會學相似。但二者之研究方法不同。歷史哲學僅用思辨的方法，不能利用經濟學統計學心理學等所研究之結果；而社會學則由實證的方法，利用此等材料爲基礎。歷史哲學專就過去事實爲演繹的抽象論，不就現在事實加以調查研究，故與社會學有極明確之界限。

二　社會學與經濟學　物質的生產力爲社會進化之原動力，經濟關係爲構成社會之基礎。社會學欲研究生產發展之原因及經濟關係變遷之理法，不能不借助於經濟學。惟經濟關係之變遷又隨生產力之發展爲轉移，經濟學上支配生產分配消費等活動之法則，亦隨生產力之發展而產生變化，故經濟學必須採用社會學研究所得之眞理，以爲改造之根據。

三　社會學與政治學　政治學爲研究國家之科學，國家爲社會歷程中之產物，政治學者不明社會進化之法則，即無由了解國家之起源，性質，發達及功用。國家又爲階級統治之機關，社會學者不研究政治組織之變遷，亦無由推知社會階級衝突之實況。

四　社會學與法學　法學研究法律之原理，與社會學有密切之關係。法律由社會關係產出，又隨社會進行而變革。近代社會生活日形複雜，而法律內容愈趨愈繁。法學者研究社會關係與進化之定律，足以了解法律之本質及功用；社會學者研究法律之發生及變化，足以了解社會制度變遷之原因。

五　社會學與人類學　人類學爲研究人類之科學，能供給社會學參考之資料。人類學分數部，如人種學研究原人社會生活之狀態，如考古學研究原人之遺物，如文化史研究原始社會文化之由來，皆與社會學有密切之關係。社會學推求社會之起源，考察原始社會之制度，不能不取材於人類學。人類學派社會學，即應用人類學之智識以研究社會者也。

六　社會學與生物學　生物學之對象爲生命，社會學之對象爲社會。社會由個人結合而成，人爲動物之一，其營社會生活，固與其他動物同。惟個人之動物的生活發達，則集合的社會生活亦隨而發達。於是社會不僅受生物力及物理力之作用，且受社會力之作用。人類因應付環境及遺傳所得之智識，能促使人類社會脫離動物社會。人類社會脫出動物社會，則支配人類環境及遺傳所得之智識，能促使人類社會脫離動物社會。人類社會脫出動物社會，則支配人類社會之理法，與支配動物社會之理法截然不同。故不能專用生物學之智識以研究社會。

七　社會學與心理學　心理學研究個人心意發達之歷程，社會學研究人類社會發達之歷程。社會現象中固有屬於心理之部分，而心理現象不能包括社會現象。社會學研究之結果，足以供獻於心理學，不能資助社會學之發展。

社會學中之心理學派，喜用心理要素爲研究社會之根據，至稱社會學卽社會心理學，未免誇張失實。社會的意識形態，常隨環境而發生變化，因果判然，不容倒置。衣食足而後知禮義，非知禮義而後衣食足。故心理學派社會學若主張以心理要素爲社會組織及社會進化之原動力，實陷於倒因爲果之謬誤。

社會學與諸科學之關係旣明，則社會學研究之範圍可以確定，茲再進而說明社會學之問題。

第六節　社會之問題

社會學之問題，卽社會學所據以研究之題目，一般學者常依其所論列之問題，以決定其社會學之系統。普通社會學書，有所謂社會靜學及社會動學之分。社會靜學通論社會之靜態，如社會之構造是；社會動學通論社會之動態，如社會之發達與變遷等是。然所謂靜態，僅屬一種假定，藉便研究而已，其實自社會之起源以至於最後之變遷，皆屬於動態，無須爲動靜之分也。社會學又有純理社會學及應用社會學兩類。理論社會學以探求社會歷程之理法爲目的，應用社會學係探求應用純理社會學研究之結果以改變社會之方法。故純理社會學之於應用社會學，亦猶理論機械工學之於應用機械工學然。自其順序言，二者不妨分別研究；自其功用言，二者宜結合一致，方足以全斯學之使命。本書茲根據上述見解，依次列舉社會學之問題如次。

第一，社會之本質　此爲先決問題，又爲問題中之問題，至今尙成社會學上之懸案。各派社會學對於此問題之見解不同，故所立之系統亦異。蓋社會學之研究，必先了解何謂社會，方能進行研究其他問題，苟其出發點不同，則所得之結果自異，社會學派別分岐，職此之故。

第二，社會之構造　社會之本質旣經闡明，其次卽當研究社會之構造。社會之構造，卽假定社會爲一靜止之狀態而研究各種社會關係之因果，以發見其構成之原理。例如研究機械，必研究其各部分相互之關係及職能，求得其構成之法則，始能了解全部機械之功用。吾人研究社會動態時，必先求得關於社會靜態之智識以爲根據。

第三，社會之起源　研究社會學者，必研究社會之起源。社會之理法，本可於現今之社會中求之，無須溯及古代之社會，惟現今社會生活過於複雜，應用於社會之定理，最難探索，不如溯及初期社會之簡單形態，較易發見其因果關係。

第四，社會之發達　社會生活之由簡單而趨複雜，社會範圍之由狹小而趨擴大，及其所以發達之原因，皆屬於此問題研究之範圍。

第五，家族氏族及國家　家族氏族及國家，皆爲社會發達程序中之產物。家族爲社會生活之搖籃，家族制度之變遷，即社會生活變遷之佐証。氏族爲初期社會之共同團體，有維持社會秩序之機能；國家成立於氏族組織廢墟之上，爲階級統治之組織。就氏族與國家研究其發展與變遷之因果關係，足爲推求社會進化原理之資助。

第六，社會意識　社會意識由社會生活產出，何以具有支配社會之機能，何以又隨社會組織而變化，此其中之相互關係何在，均屬於此問題研究之範圍。

第七，社會之變革　社會由一種形式變爲他種形式，是爲社會之變革。一種社會組織適於過去者何以不適於現在，適於現在者何以不適於將來，及此等變遷中所潛伏之因果關係如何？皆屬於此問題研究之範圍。

第八，社會之進化　社會由低級形態進至高級形態，是謂社會之進化。社會之進化與社會之發達不同。舉凡經濟政治法律宗教哲學道德藝術等社會生活所以由幼稚而進於文明之程序及其進化之根本原動力何在，均屬本問題研究之範圍。

第九，社會階級　階級之分離，爲社會歷程中必然產生之現象。社會之變革何以能產出階級，階級鬥爭何以能促進社會之變革，均屬於本問題研究之範圍。

第十，社會問題　社會組織不良，恆產生種種社會問題。如過去社會之奴隸問題，農奴問題；現今社會之工農勞動問題，婦女問題及準無產者社會問題，皆屬於本問題研究之範圍。

第十一、社會思想　社會思想係人類對於社會之組織發出之理想，如擁護社會特殊階級之自由主義保守主義之思想，維持現社會之改良主義思想，改造現社會組織之無政府主義及社會主義思想，皆屬於本問題研究之範圍。

第十二、社會運動　社會組織將屆變革之時，多數人咸知社會之不良，恆發出種種社會理想，爲謀實現此種理想而行之運動，卽爲社會運動。社會運動之由來及其效果如何，社會運動宜如何始能促進社會之進步，均屬於本問題研究之範圍。

第十三、帝國主義　帝國主義爲現代畸形社會組織之特性，亦係由不合理社會進於合理社會之徵象。帝國主義所以生成之理由何在，合全世界人類之大社會所以被極少數帝國主義者所宰制所支配之原因何在，皆屬於本問題研究之範圍。

第十四、世界革命　帝國主義發展之極致，必誘起世界革命。世界革命何以不能避免，及其經過之情形如何，均屬於本問題之範圍。

第十五、未來社會　世界革命以後之理想社會如何，及其達到之階段如何，皆屬於本問題研究之範圍。

上述諸端，皆為本書研究之問題。亦可稱為本書之體系。綜其大體而論，可得一概括之社會學定義如下：

社會學者，研究社會歷程及其理法，並推知其進行之方向，明示改造方針之科學也。

第二章　社會之本質

第一節　三大歷史的社會本質之檢討

關於社會本質之研究，舊有三大歷史的社會說，即契約的社會說、生物的社會說及心理的社會說是也。此三說果能闡明社會之正確性質與否，吾人應先於此處檢討之。

第一、契約的社會說　契約說謂人類社會爲一合理之人工創造物，由各個人同意締約而成，故各種社會制度係由人類任意發明，苟經多數人同意，即能改造，家庭之成立，國家之組成，以及一切社會制度之產生，全有賴於各個人彼此之利益，且得隨時改造之。此說發端於古代希臘之哲學，初期資本主義時代之法律政治思想家擴而充之，遂以造成資本階級革命理論之根據。迨後經人類學社會學研究之結果，始發見此說之弱點，並不足以說明社會之起源。故主張此說之人，乃加以修改，謂契約雖非社會之起源，然不失爲社會之正鵠，即社會之起源雖不必由於契約，而吾人則不可不以契約說爲基礎以組織社會。社會生活形式上之同意，在初時或非社會秩序之基礎，在將來則必成爲社會秩序之基礎無疑。若婚姻，若家族，往昔或非由於契約，而在將來必有賴於契約始能成立者也。是爲契約說之梗概。此說過於重視意志，社會與人生以俱來，初民之營社會生活，豈有如許智力，能了解社會生活中一切規律與組織？且世無絕對獨立之個人，個人之加入社會，與意志全無關係。契約說之不足以闡明社會之本質，其理明甚。

第二、生物的社會說　此說爲契約之反動，雖亦起源於希臘哲學，實由生物學派社會學者提倡之。此說謂社會非智力所能造成，乃由有機性質之盲動力所造成，即由於生物的定律之作用所造成者也。社會的渾一體與有機體的渾一體無別。故社會爲有機的組織，其發達進化概受有機的定律之支配。如斯賓塞謂社會爲超有機體，非人力所能及，人雖了解社會，然不能支配之。此說過於注重社會進化與宇宙進化之眞實關係，及社會生活之固定性。社會既與有機體同受生物生長凋謝之法則所支配，則社會適成爲自然生滅不可思議之怪物，而非人力所能左右，社會學亦將成爲研究此種怪物之科學矣。組織社會之有意識的個人，與構成生物之無知覺之細胞大異，支配生物體之定律不能完全適用於社會可知。要而言之，此種社會說僅足以作爲擁護自由主義之工具，其不能說明社會之本質，固不待辨而自明。

第三、心理的社會說　此說起源於初期資本主義時代，實由心理學派社會學者提倡之，所謂綜合以上兩說而別開生面者也。此說謂社會生活之合爲一體，非由於契約，非由於有機動力，乃由於各人心性相感之作用。社會卽各人彼此因心性相感而團體生活。故社會之合爲一體，係由於心性相感，心性相感非專指知識，且包含本能與習慣於其中。故社會生活實爲一種心理的程序。個人之天性爲了解社會改良之秘鑰，而改良社會卽爲改良全體個人之習慣。個人之天性改良，卽社會亦隨而改良。惟社會之組織與法度全繫於習慣，故社會之改良僅能於自然界與人類天性之變遷所容許之範圍內行之，然人類天性在人類社會最有價值，故改良社會，必先改良人類天性。質言之，卽改良社會必先改造人心是也。此說過於注重心理之要素，而心理之要素，完全隨物質生活而變更，其不能說明社會之本質，已於前章言之，毋須多贅。

概括以上三說，可得一共通之點，卽三者皆擁護資本主義是也。契約說在說明社會可以由個人同意締成，亦可以由個人同意改造，爲初期資本階級樹立民治主義之政治的論據。生物說在說明社會宜任其自然發展，非人力所能支配，爲資本階級樹立自由主義之經濟論據心理說在社會改良須先改良人類天性，毋須改造經濟組織，爲資本階級樹立溫情主義之社會政策的論據。契約說與生物說所負之使命早告完成，故二說已歸陳腐，今無取焉。心理說所負之使命尙未告終，故極爲擁護現社會之學者所稱道，然其不能取得改造者之信仰也，又屬事理之當然。故本書爲完成社會學眞正之使命，特力闢以上三說之謬誤，而主張歷史的唯物論。

第二節 歷史的唯物論之社會說

歷史的唯物論之社會說，在應用歷史的唯物論說明社會之本質。據此說，社會非由契約而成，非由心性相感作用而起，亦非如有機體之完全受自然法則所支配，乃由加入生產關係中之各個人結合而成。人飢則求食，不食則死；寒則求衣，無衣則僵；避風雨則求廬舍，無廬舍則病。衣食住者實人生所必不可缺之生活資料也。地無分東西，時無論古今，人類必自有其生產方法以生產生活資料而分配之。如吾人處都市之中，決不能自耕而食，自織而衣。苟爲無產工人，卽必售其勞力於資本家，藉以取得一定之工銀，然後再支出所得之貨幣以購買生活必需品。賣勞力以謀生，本屬至苦之事，爲謀生計，不得不爾，決非本人之意志所得而左右之。又如吾人處今日機械發達之世界，而欲維持自足自給之經濟，亦屬不可能之事，勢必藉分工及交換以保持今日之社會關係，決非吾人之意志所得而左右之。

吾人姑不具論現代人之生活，更溯及原始時代之人羣。原始人羣謀欲望之滿足，亦屬於『社會的』，即由羣中之各個人協力而行者是也。例如食物之探求，果物之採集，以及狩獵漁撈等事，殆無一不由協力而行。原人最初之勞動，以採集自然物爲限，僅知用體力採集自然物而占有之，以維持自己之生活。故原人雖完全爲自然環境所左右，而此時爲滿足欲望占有自然物之勞動歷程，即爲社會的歷程，由集合的協力與集合的經驗而定。可知原始人羣之取得生活資料，早已發生種種交互關係，是即社會的關係。迨後經濟發展，更增進步，人類協力變造自然物爲生活資料，脫離自然環境之束縛，一面因分工之發達，一面因生產及交換範圍之增大，而生產關係，愈趨愈雜。故人生而欲獲得生活資料，勢不能不參加社會的生產，互相爲而工作，因而結成社會。

試以工廠爲例。工廠之中，有使用機器之工人，有助手工人，有普通工人，有修理機器之工人，共立於一定之空間，同在於一定之時間，各擔任工作之一部分，各耗費相當之體力，如此共同製作，互相接觸，自始至終，各工人之間，造出一種相關聯之勞動關係，故工廠可謂爲多數工人立於此等勞動關係上之結合。

社會爲範圍較大之工廠。例如農夫種麥，舟子運搬，工人製粉，造成麵包，此一大食物工廠也。農夫種棉，商人販運，工人紡織，造成紗布，此一大服物工廠也。木工造壁，泥工築墻，漆工塗抹，園丁種木，造成宮室，此一大造屋工廠也。推而至於某地出米，某地出麥，某地出綢緞，某地出絲茶，美國出棉花，澳洲出羊毛，非洲出棕櫚，諸如此類，自表面視之，似乎各不相屬，而實際則互相爲用。在世界經濟成立之今日，有交通機關爲之運輸，有商人爲之懋遷，全世界之人類，殆互相爲而工作，直接間接造成極複雜之生產關係，其在物質的生產歷程中，殆已形成一極大之社會矣。

是故人類爲生活計，不能不取得生活資料。欲得生活資料，斯不能不參加社會的生產。人類之參加社會的生產，純出於生活之驅策，與本人之意志無關。人既受生活之驅策，加入社會的生產，共同生生產活資料，則在此生產歷程中，必不能不共同勞動或互相工作，而間接發生種種生產關係。此等生產關係之錯綜複合，形成社會之經濟的構造。加入此等生產關係中之一切個人遂構成一社會。

社會生活之歷程，即物質的生產歷程，而物質的生產歷程，完全受生產技術及生產力之支配。在物質的生產歷程中，所謂精神文化，皆由物質的生產關係中產出，隨生產力之發達而發達，隨生產關係之變遷而變遷。社會之進步，亦即生產力之進步。此歷史的唯物論之社會本質說之概要也。總括以上所述，吾人可得一社會之簡括的定義於下：

人類間立於生產關係之結合，謂之社會。

第三章　社會之構造

第一節　社會構成之基礎

吾人假定社會為一種建築物。研究建築物之構造時，可分建築物為基礎及上層建築兩部，先研究其基礎之構成方法，次研究其立於此基礎上之上層建築，最後研究其基礎與上層建築之相互關係及其作用。惟建築物之基礎為地面，其上層建築為木材磚瓦等項，地內之地力苟有變動，地殼即不免有塌陷之虞，則建築物之基礎勢必改造，因而其上層亦必改造。研究社會之構造亦猶是也。社會之基礎為經濟關係，其上層建築為政治法制及其意識形態，經濟關係中之生產力苟有變動，則經濟關係勢必改造，因而政治法制及其意識形態亦必改造。茲本此理說明社會之構造於下。

人類相互之關係，由三種根本要素而成。第一為人與社會之關係，第二為人與共同團體之關係，第三為人與人共同團體與共同團體，共同團體與社會，社會與社會之關係。自其性質而類別之，可分為物質關係及精神關係兩類。物質關係即經濟關係，精神關係卽政治法律科學藝術道德宗教哲學等關係。此等根本關係之錯綜複合，構成社會生活之全部。故社會如建築物然，此等關係皆爲建築之材料，就其本末輕重言，則經濟關係爲構成社會之基礎，政治法律科學藝術道德宗教哲學等爲社會之上層建築，茲逐一說明之。

人類之生存及活動，以一定物質之存在爲前提，爲條件，故人於營政治法律科學藝術道德宗教哲學等生活之前，必先獲得衣食住之物質資料。且人之生存，不僅衣食住爲必要，卽在從事精神活動時，亦必需種種物質條件之充實。故經濟爲社會基礎，其理至淺，無俟多贅。茲更進而言社會基礎構成之原理。

經濟關係卽生產關係。吾人欲取得生活資料必從事生產，生產須就自然物加工，又必須互相工作，故各個人必依一定之方法，被分配於勞動歷程中，使用一定之勞動器具，共同操作，並互相交換其勞動。因此，各個人遂互相聯絡而發生一定之關係。惟其有此聯絡與關係，然後生產物始能完成，始能藉交通機關分配於社會，供給社會消費。故生產關係實包含交通交換分配等一切經濟關係，此等生產關係之總和，其成爲法律的形式表現而出者，卽財產關係是也。

生產關係之成立，必與社會的生產力（以下僅埍生產力）相適應。兩者互有密切之關係，如氣候之於吾人體温者然。生產關係與生產力相適應，則生產力能在生產關係中發展，倘生產力繼續發展至一定程度以上，而生產關係阻礙其發展時，當時之生產關係勢必改造，生產力始有發展之餘地。故兩者之關係可分爲兩種形態：其一爲兩者互相調和之形態，其二爲兩者不相調和之形態。兩者互相調和，則社會之基礎安定；兩者不相調和，則社會之基礎動搖。

生產力卽生活資料之產出力，卽製造物質資料之可能性。生產力發展，與生產方法之進步爲比例，而生產方法之進步，又與勞動手段或勞動方法之變化，或與兩者同時發生之變化爲比例。例如某織匠使用一定之機子，每日作工十小時，能織布五丈。今欲令其以同一時間織布十丈，則彼之勞動生產力勢必加倍。生產力加倍，則彼之勞動手段或勞動方法勢必發生變化，或兩者同時發生變化。是此時彼之勞動生產條件必生變革，換言之，卽彼之生產方法，彼之勞動歷程必生變革是也。故勞動手段之變化，與勞動方法之變化，有因果之關係。假令勞動手段不起顯然之變化，則勞動方法不能單獨變化。所謂『勞動手段爲勞動生產力之尺碼，又爲生產力或生產關係之指示器』者卽此意也。

總合以上所述，生產關係之成立，必適應於生產力，而生產力之發展必以勞動手段之變化爲依歸。人類一旦發明新勞動手段，卽能獲得新生產力，一旦獲得新生產力，則必改造生產關係。生產關係改造，卽社會基礎之改造，則社會之全部建築隨而根本改造，此社會基礎構成之原理也。

第二節　社會之上層建築

社會之政治的法律的上層建築及其意識形態，皆依據經濟關係而成立，復有維持經濟關係之作用，茲略述於次。

社會之政治的構造最明顯之表現，爲國家權力。國家權力實產生於社會裂成階級之後。國家爲社會過程中必然的產物，當社會最初發生經濟利害相反之階級，因而陷於紛亂不可解決之矛盾狀態時，國家遂成爲社會之機關而產生。蓋社會內部經濟利害互相衝突之階級，苟不欲自身永遠從事無益之鬥爭，不欲社會隨階級衝突而消滅，則爲緩和此衝突而成之社會秩序，卽須有超社會之强力以統治之，此强力卽國家權力也。國家之立，基於階級關係，階級關係繼續改編，則政治上之支配與被支配之關係亦隨而改編。古代國家建築於奴隸制度之上，成爲奴隸所有者支配奴隸之機關；封建國家建築於農奴制度之上，成爲封建階級支配農奴之機關；近代國家建築於工銀奴隸制度之上，成爲資產階級統治無產階級之機關。國家隨階級對立以俱來，亦隨階級消滅以俱去。經濟上人人平等之關係實現，政治上人人平等之關係亦隨而實現。此政治與生產關係之關聯也。

法律爲保障財產之利器，爲規定財產關係之章程。法律之普通觀念，卽在於說明所有權之範圍。自形式而言，法律之任務在於社會的防衛，卽在於保護生存之根本條件；自實質而言，法律之目的在謀階級的防衛，卽在於保護特殊階級剝削下層階級之特權。至於刑法原在防衛非人道的犯罪，而犯罪之原因皆起於社會，社會組織合理，則刑法上之犯罪必然減少。

道德卽人類之社會的本能，社會之所以存在，實由此社會的本能所維持。如爲社會而犧牲，如矢忠勇以擁護社會，皆爲社會的本能，此卽人類最高之道德。故道德之根源在人類生活。自生產力進步，人類萌有財產觀念以後，道德思想乃生變化。人與人之關係，變爲物與物之關係，社會裂成互相對抗之階級，所謂『利他』所謂『互助』，發生根本之動搖。何謂善，何謂惡，殆無一定之標準。其結果，道德遂成爲一階級檢束他階級之空想的制裁之具。

宗教世界爲現實世界之反映，與其分析宗教之神祕以發見現實之核心，不如考察各時代之現實生活關係，尤易推知天國之形態。自然力之崇拜適應原始社會；耶穌教適應於封建社會，新教適應於資本社會。信教自由之標語，卽競爭自由之別名。故宗教之神祕，僅能藉現實生活以說明之。宗教之作用，自其歷史而言，直爲一階級駕馭他階級之無形武器。異日生產關係改易時，宗教雲霧必消散無疑也。

藝術爲社會生活之神髓，爲人類情感之具體的表現。人對於當代社會生活如有感想，必藉藝術表出之。然人除對於人以外，决不能發生情感，人與人之關係變更，藝術自應因而改變。惟理想高尙之藝術，恆寄存於豐衣足食者之腦中，故藝術在過去社會爲特權階級所獨占，成爲少數有幸福者之世襲財產，無產貧民未能享受藝術生活之滋味。

哲學之對象在理解人生與自然之根本原理。哲學上一切觀念，均胚胎於物質世界。社會爲人自然之合體。社會之根基既建設於經濟關係之上，則人生與自然之根本原理，惟有於經濟關係中探求之。哲學之系統，係就常人之思想加以彫琢，組織而成。而思想須受環境之影響，人不僅不能以個人意志决定社會關係，實則社會關係，轉能左右個人之意識。故社會組織與個人思想有密切之關係。社會中思想之流行，卽爲該社會經濟狀態之寫眞，且此種流行之思想，必與當時特殊階級之欲求相適應。故統治一時代人心之思想，常爲統治階級之思想。如此建立之哲學，卽爲特殊階級之哲學。在科學昌明之今日，哲學已失其獨立自尊之地位，所謂超自然不可解之神祕亦已完全揭破矣。

上層建築，由生產關係與生產力而造成，已如上述。然上層建築又能影響於生產力與生產關係，此不可不知也。惟吾人應當注意者，社會之構造，恆受生產力之狀態所規定，而其形式之變化，又受生產力之變動所規定，故上層建築僅能成爲經濟之量的變化之助因，而不能成爲經濟之質的變化之主因也。

第四章　社會之起源

第一節　人類之社會性

據達爾文(Darwin)學說：一切動物對於環境皆行生存競存。有結羣以行生存競爭者，有孤立以行生存競爭者。前者謂之社會的動物，後者謂之非社會的動物。依進化公例，社會的動物，易於生存，非社會的動物除獰猛之禽獸及其他適於生存者外，均受自然淘汰。而社會的動物之中，又惟有團結力最堅固者最能適於生存，反是滅亡。此等社會的動物羣，謂之動物社會，人類亦屬之。

至社會的動物所以營共同生活之原動力，則由於保存自身與蕃殖種族之本能。試就草食獸而論。草食獸取得食物之方法非常和緩，故其性質溫和。惟其溫和，故對於敵人之抵抗力弱。抵抗力弱故多數集合成一團體以彌補其缺憾。集合之後，則強者與弱者，智者與愚者互相扶助，協力對外以行其生存競爭。如團體中之強者為自身而與敵戰時，則弱者亦蒙其賜；有經驗者為自身發見安全或食物較多之場所時，則稚魯者亦受其益。

於是團體中之自然分業以起。蓋防敵者必不能同時攝取食物，睡眠者不能同時留心警戒，故必有邏巡者與守衞者，而後其他團員始能安心覓食或睡眠焉。此動物生活之大較也。惟人亦然，其齒牙不如虎豹，膂力不如牛馬，而能生存於自然界者無他，亦賴有此社會性而已。

團體集合之中，既生分業，則必有種種之機關，以成就其團體之目的，而維持其團體之存在。各個體又必有維持其團體之社會的本能，以超出其生存與生殖的本能之上。此等社會的本能爲何。動物之種類與生活狀態各有不同，其社會的本能不無差異，然其中必有多種社會的本能成爲社會生活存續之必須條件。此種本能之最顯著者，如爲社會舍身之犧牲心是。營社會生活之動物苟無此種犧牲心，則其社會必至爲環境的自然力或敵人所征服而至於滅亡。故犧牲心爲社會的動物所必不可缺之社會的本能。此外如擁護社會之勇氣，對於社會之忠誠，對於全體意志之服從心以及感知毀譽褒貶之名譽心，皆爲社會的本能，乃社會的動物所同具者也。動物社會結成之後，所賴以維持於不敝者，皆此類社會的本能之力也。

由上所述，社會的動物所以營社會生活之根本原動力，實由於各個體保存自身與蕃殖種族之本能，即出於生存欲之强制；動物的社會所以能存續而獲勝利於生存競爭者，實由於各個體有犧牲忠勇等社會的本能之力也。

人類之社會性與其他社會的動物之社會性相同，人類未脫離動物界以前之人類社會亦與其他動物社會相同。至於人類所以能脫離動物界與人類社會之所以能脫離動物社會，換言之，即人類社會之起源，則又別有其原因在也。茲分別述之於下。

第二節　器具之製造

人類何由脫出動物界而超乎動物之上？人類與動物之間果有何種根本差異存乎其間？此在以前尙屬未决之問題。有謂人類爲有思考有道德之動物者，然思考與道德爲人與動物所同具，固無以異也。有謂人爲能生產之動物者，然如蜂蟻等昆蟲及其他溫血動物之採取自然界材料變更其形態與位置以供自己之用，固與人類無以異也。有謂人類爲能使用傢具之動物者，然如猿猴類之析枝爲棒，取石爲斧，亦知使用器具，固與人類無以異也。然則人類果有何種特徵以脫離於動物界乎？一言以蔽之曰：器具之製造是也。器具之製造，惟人能爲之。動物雖知使用器具，亦僅能利用現成之自然物而止，非眞能變造自然物爲器具者也。動物雖知造巢營穴，貯藏食物，然未有能製造器具以爲製造消費物之用者也。故人之所以爲人，唯恃此製造生產機關之能事已耳。人惟知製造器具，故能脫出動物界，以建設其自身之新世界。此新世界爲人類社會獨有之領域，非動物所可比倫，人類之發達進化，雖謂托始於此焉可也。

動物之生產，全仗自然所賦予之器官，並利用自然所供給之器械，故動物之發達，純繫乎自身所有諸器官之進化，其發達也非常遲緩，不能以自身之意識的行爲促進之。至如人類社會一旦發明器械，足以補生理器官之不備，其生產生活資料之方法，不僅較前容易，且前此所不能爲之事今亦能之矣。此等發明與經驗之集積，世代相傳，遂能制勝於生存競爭，而種族亦得以特別繁衍。人類既有發明此等器具之才能，則因遺傳之結果，乃更有其他天才者繼起而完成之，或憑藉已有之發明爲基礎，而更有新發明產出焉。如此遞嬗，人類生產技術乃日有進步，遂以構成人類社會進步之基礎，故人之所以異於其他動物者無他，器具之製造是也。

第三節　器具之發明與生活之改變

人類未知製造器具之前，其取得生活資料也，僅知使用天賦之器官及利用天然之器械，如猿猴之折木爲捧取石爲斧而已。自發明器具之製造以後，則知用斧用槍，前此僅能擒獲魚蟲禽鳥者，今則能獵取較大之動物矣；前此專恃木實蟲鳥爲食者，今則有較大之動物以供肉食矣。然較大之動物多在平地而不在樹間，人爲狩獵計，斯不能不棄其樹上生活而營地上生活。又可供肉食之動物存於原始林者甚少，人既爲狩獵者，斯不能不棄其舊居之原始林而移居於平野。此器具之發明與人類生活改變之初步也。

以上所述，是否爲實際進化之程序，杏不可知，茲姑就所假想者言之耳。或如地質學者人類學者所論，冰河時代之人類，或因中央亞細亞山中之冰河消滅，或因氣候乾燥，森林枯竭，不得已始由森林移居平野，亦未可知也。人既離樹上生活，則木實必不能佐食，勢非獵取動物以供肉食不可。生活方法變更，則因使用石棒狙擊動物之結果，必至於發明組合石棒之方法以製成器具也。

上述二者孰爲發明器具之實際程序，姑不具論，要而言之，新生產方法與新生活及新要求三者之間，必有密切之關係可知。三者互爲因果，有甲則有乙，有乙則有丙。故發明生變化，變化必更生新發明。此中關係，逐漸複雜，循序變遷，遂以構成無限發明之連鎖，玆姑就狩獵發生與人類生活之變化，約略言之。

人類既由原始林移住於平野而停止其木實生活，則於肉食之外，必更求得木實草根以佐餐。然木實草根不常有，於是乎有栽培。而平野之栽培較原始林爲易，且有簡單器具爲之資助，則短期之栽培或非難事。既知從事短期之栽培，則暫時定住之事亦隨而發生矣。

惟平野氣候之變化，較原始林尤爲急劇，故人類居平野較居原始林尤感風寒暑濕之苦，非有住所無以禦風雨，非有服物無以保體温，彼猿猴類尚知作巢而處，則平野之人類必更知取木石以作室，纏獸皮以爲衣也無疑。用火之發明，或亦人類爲嚴寒所迫而創造者歟？要而言之，人類發明槍斧等物之後，其他種種發明相繼而出，人類生活乃大生變化。人類生活既生變化，則其意識作用亦隨而發生變化。新生活產出新意識，新意識又能發明新器具，人類脫出動物之進化，殆如是乎。

器具能促進人類之進步者更有一事焉。動物社會各個體之器官有限，故各個體間之分業亦有限；且此器官又皆附着於各個體之上，故各個體所能優爲之事亦有限。人類社會則不然。人類於天賦器官之外，更有無限之人工器械，故各個體所能優爲之事無限，各個體間所能行之分業亦無限。惟其如此，人類之分業乃愈有進步。分業愈進步，則爲求覓衣食及維持生活方法所使用之器具愈增加，必要之器具愈增加，則各個人所使用之器具愈不能獨立。故社會對於自然界之力量愈增大，而個人離社會後之能力愈減少，愈不能不倚賴於社會。於是組成社會之各個人互相爲而工作，而社會遂愈有進步。

人類社會與動物社會更有一不同之點，卽動物社會之發達，繫乎組成分子各個體之發達　而人類社會之發達，則繫乎器械的技術之發達。故人類社會超出動物社會以後，支配動物社會之法則不能適用於人類社會者以此。

第四節　言語與思想之功用

器械發明以後，人類感受環境之變化愈繁，因順應此等環境之變化，而智力遂亦隨而進步。蓋生活變化之結果，能改變人類各個體手足之形狀，並促進腦髓神經之發達，而審別利害判斷善惡之理解力亦隨以進步，此進化必經之程序也。

器械發明以後更足以促進人類之進步者，言語與思想之功用亦復不少。言語爲社會交通所不可缺之機關，於協同操作有密切之關係。普通社會的動物互相交通之方法，惟恃勸誘恐怖，驚愕，憤怒等感情的叫囂之作用。至於人類社會，因器械之發明，更知協同作業，分功任事，又知分配產物，若專恃感情的叫囂，决不濟事。蓋分業非言語不爲功。言語不僅表示感情，並能表示事物。用言語表示事物，乃分業必需之條件。分業發達，言語必隨而進步。據言語學者之研究，言語中最先發達者爲表示動作之動詞，其次爲名詞。原人當協同作業或共同勞動之時，因欲互相了解其動作，乃先爲動作命名，次爲事物命名，此理之當然，無足怪者。言語不僅與分業有關係，且爲思索之機關。言語與思想，惟有互相協力，始能存在，始能發達。吾人思考事物，口雖不出聲，而口中心中恆沉默私語，是即非言語不能思考事物之明證。人類惟其有特別言語，然後互相協作，互相理解，而發明乃得以傳於後世，故能促進社會之進步。有言語則所使用之器具及其特殊作用，始得與環境之事物區別，人類始能由概念與名稱解剖世界。

其次，思想於人類之進步，亦有莫大之功用。吾人研究社會學，並不輕視思想之功用，惟不如心理學派之肓認思想超出物質之上而已。蓋思想實附麗於物質，可由人類脫出動物界時思想之進步証明之。人與動物有肉體的欲望，由自然界取得目的物而滿足之。見目的物欲取之，是爲感動；實行奪取目的物，是爲行爲。惟動物之奪取目的物，純恃其天賦之特殊器官，如超過其天賦器官所能及之範圍，則其奪取目的物之行爲亦即終止。故動物在感動與行爲之間，無何等思考之連鎖，其思考力之不能發達以此。人類則不然。人類之奪取目的物，不僅運用其天賦器官，且能使用人工器械，天賦器官所不能及者，則運用人工器械取之。故人類對於自然環境發生感動時，必運用其思考力，臂力不能及者則使用器械，一種器械所不能及者則使用他種器械，已有之器械所不能及者則更發明他種機械，務求實現其奪取目的物之行爲而後已。故人類在感動與行爲之間，實存有長時間思考之歷程，此爲動物所不能及者也。推其所以不同之故，實與器具之製造有密切之關係。器具立於人與外物之間，故思想起於感動與行爲之間。人類因受環境之感動，得運用其器具以實現其行爲。人類因有此物質上之曲折，遂產出心理上之曲折，而思想遂進步。器具之種類愈多，使用器具之技術愈複雜。物質上之曲折愈多，心理上之曲折亦愈多，因而思想上之進步亦極大。又就禦敵一事而論，動物被外敵所襲而不能抵抗時，惟知脫逃或假死，此外更無所用其思考，實因形體之組織有以限之也。人類之臨敵，必加思考，或脫逃，或執武器以禦。須經思考而後行。苟無武器，則亦將如動物之不假思索，而以逃脫爲能事耳。人惟有武器可供使用，而後有思考力發生。人惟能製造器具，改造器具，選擇器具，始能善於應付環境，而增加其思考力。因思考力之增加，而器具愈亦發明，愈亦改善，社會亦隨而愈益進步。思想因器具之運用而發達，器具亦因思想之發達而完善。雖謂器具之製造爲人禽區別之關鍵可也。

第五章　社會之發達

社會之發達云者，卽社會生活複雜，社會範圍擴大之謂。社會生活之複雜，由於生產關係之複雜；社會範圍之擴大，由於生產及交換範圍之擴大。而促成生產關係複雜與生產及交換範圍之擴大者，實由於生產力之發達有以致之，卽謂社會之發達爲生產力之發達可也。

第一節　勞動之社會化

生產力發達之原因有二：其一爲勞動之社會化，其二勞動手段之發展。

勞動之社會化可分爲二種：一爲共同操作，一爲協力。協力又分單純協力及複雜協力二種。羣工同處，各操所業，互相唱和，鼓舞競作，此共同操作也。十手合扛一鼎，十足合舉一碓，此單純協力也。羣工分操一業，各有專司，遞相工作，共舉一事，此複雜協力也。複雜協力，以分工爲基礎，普通所謂分勞或分工者卽此。

自分工之性質及其發達程序而類別之，可分爲自然的分工，社會的分工，勞動的分工三種。自社會經濟進步之順序而類別之，可分爲無意識的分工及有意識的分工二種。

初民時代，人口稀薄，經濟自給，其分工也甚自然，即所謂性的分工者是也。男性從事戰爭，並生產食料品及必需之器具；女性掌管家事，整具衣食，即從事烹飪紡織裁縫等項工作。各司其事，各盡其能；自爲生產，自爲消費。

故此種自然的分工僅行於一團體之內，純爲經濟單位內之分工而非經濟單位間之分工，此時生產物無買賣之事，亦無商品之性質。

迨後人口增加欲望增進，遂有提高生產力之必要，而分工之範圍因以擴張。於是分工不僅行於一經濟單位之內，而行於一經濟單位與他經濟單位之間。於是有務農者，有務工者，職業之分化遂以形成，而社會的分工以起。最初獨立之主要工業。自是分工更進，同種職業內又起分工。如同一農業而有稼有圃有牧畜，同一工業而有金工染工紡織工，蓋愈趨愈雜矣。

由自然的分工進至社會的分工，其必然產生之結果，厥爲生產物之商品化。手工業發達則生產物多，生產物多則交易生，交易生則產出新分工，而以交易爲專業之商人發生，商業資本及商業資本家於是成立。

社會的分工發達至此程度，概由無計畫無意識之自然演進而來，至於勞動的分工，則有意識，有計畫，在近世產業資本家出世之後始發達者也。近代的產業資本家，以其資本之力，驅多數無產者集合於有意識的計劃之下，使從事操作而自負中央管理之任，形成現代大規模之機械工業組織。此種分工，係就從前一勞動者所爲之勞動，更依其順序與種類，分爲若干種之勞動，使若干勞動者各依所長，專任一事。分之又分，則事簡而人易習，業專而玩愒不生，用意精而機巧出，生產力旣因而提高，產品自因而豐富，資本愈因而增殖矣。此勞動的分工促生產力發達之大較也。

第二節　勞動手段之發展

其次促生產力之發達者，厥爲勞動手段之發展

福蘭克林曰：『人者，製造器具之動物也』。勞動手段云者，卽廣義之器具之謂。製造器具之能力，唯人類有之，爲其他動物所無，此人禽經濟間之根本區別也。然勞動手段之製造何以能增加生產力，其原因當如次述。

人欲生產物質，必須就外界物體加以相當之運動；欲引起此運動，即不能不運用其肉體之器官。但人類此等肉體器官之種類與作用，受先天之限制，非人力所能左右，故人決不能憑藉此等自然器官以促生產力之發展，惟賴有勞動手段，始能補自然器官之不備。勞動手段，係就未製物加工而成之製品，隨人智之發達而改良進步。故勞動手段製造能力之發生，能使人類自然器官延長於自然界，能使人力脫離生理器官之束縛，又能促進勞動之社會的結合。勞動手段與分工相須幷進，而各個人之勞動遂生無數之差異，生產力遂因而發達。此器具能增高生產力之原因也。

其次再說機械。機械係於器具之上裝置便於操縱器具之機械而成，其作用與器具有別。在器具一方面，器具爲唯一之勞動手段，介乎勞動者之間，在機械一方面，器具之外，更有便於操縱之機械裝置，機械又介乎器具勞動者之間。故機械之構造比器具複雜，使用機械時勞動者與勞動對象之關係，較使用器具時之關係亦爲間接的。器具雖能補吾人生理器官之不備，而操縱此器具者仍爲此作用有限之生理器官，故器具之利用仍大受限制，而機械則更能使吾人自由操縱器具，故生產力大見增加。

機械次第改良，一機械中能裝置多數器具，機械之總體加大，故人又發明發動機供給特別動力以轉運之，生產力更增發展。機械之爲物能以一個動力同時操縱數十數百之器具，故生產力能增高數十數百倍。今更發明發動機，同時使用一動力以操縱多數機械則其生產力更增若干倍可知。機械之數增加，則所用之發動機又須有更大之裝置，故人又發明傳力機以傳達發動機械所供給之動力。故現代大規模之工場中，有多數作業機發動機與傳力機結合而成一大機械。

機械之結合，與勞動之結合同。勞動結合，單純之協力，後乃爲複雜之協力。自從機械發明，手工業進爲機械工業，其趣亦同。初期機械工場中，一工場內之作業機，其種類皆同，同由一發動機連絡之，各作業機互相獨立，以生產一定之生產物，故其生產物，完全爲一種作業機之生產物。迨後機械亦有分工，一工場內異種之機械亦能連絡，一機械之生產物即成爲他機械之原料，遞相銜接，繼續工作。如此，一定之原料，在同一工場內通過種種之機械，始得完成一生產物。故今日之機械工業，不僅一動力能運動數機械，且能聯絡多種相異之機械而造成作用極複雜之大機械。生產力之發達，風起雲湧，蓋有由也。

第三節　人羣之戰爭

其次促進社會之發達者，則爲人羣之鬥爭。人羣中之各個人，自始卽形成多數大小共同團體以營社會生活。共同團體與共同團體之間勢必互相接觸，其接觸也，或出於平和，或出於鬥爭，而出於平和者少，出於鬥爭者多。

共同團體戰爭之起源，最初由於物資之不足。人口增加而物產缺乏，則發生團體之生存鬥爭。鬥爭之結果，一方勝利則他方失敗，被征服者爲征服者所掠奪，以補其物資之不足。故人羣之戰爭純以經濟的利益爲目的。蓋人有厭惡勞動之本性，與其藉勞動之經濟的手段以謀生，毋寧藉掠奪之政治的手段以謀生，此人羣鬥爭之原因也。

人羣之戰爭，至私產制確立，階級分離以後，則其性質與前大異。蓋在階級分離之後，戰爭概由治者階級主持，治者階級利用戰爭以爲擴大掠奪範圍之手段。自被治者階級視之，此種戰爭完全與自身之生存問題無關。其軍隊爲治者階級之軍隊，平民僅以傭兵或徵兵之資格參加，受治者階級之指揮而已。治者階級攻城奪地，私利是圖，被治階級徒以身家妻子供其犧牲，無毫髮之益而有丘山之損。今日之戰爭類如是也。

一人羣被他人羣征服之後，則形成之新社會分爲被征服者與征服者二階級，一方從事經濟的勞動以生產物資，他方則執掌統治軍事宗敎等事宜而剝削前者勞動所得之成果以支持生活。所謂國家之組織，遂從此種階級的社會產出而立於社會之上。

人羣鬥爭之結果，社會大生變化，舉其重要者約有三端。第一，社會內部裂成征服與被征服之二大階級，互相對抗，不可調和，故征服階級利用優越勢力，建立國家以調劑之。第二，相異之兩共同團體接觸之後，必於其自然環境中發見相異之生產手段或生活手段。生產手段或生活手段相異，則其生產方法，生活方法及生產物亦必相異。於是發生新交換關係。交換之範圍擴張，生產之範圍亦隨而擴張，轉能促進生產之發展形成新生產關係。第三，相異之共同團體，其雙方所特有之政敎風俗習慣語言學術等項亦必互相融和而形成與新生產關係相適應之新文化，此徵之史乘而可考者也。

第四節　交換範圍之擴大

交換之意義，經濟學者之解釋不同。予以交換卽有無相通之義，可分爲二類說明之：其一係以消費爲目的而行之交換，其二係以販賣爲目的而行之交換。在人類從自然採集食物之時代，以有易無之交換行爲卽已發生。迨後畜牧發明，人類實行家族共產制度，交換之關係較多，如氏族內部各個人勤勞之交換，亦不失爲一種交換行爲，又如氏族與氏族間之物物交換，及以贈與酬謝納貢掠奪等形式而移轉其物財者，皆交換也。惟此種交換，大體上均出於消費之目的，無商品之性質，所謂以消費爲目的而行之交換是也。且此時交換恆由共同團體行之，而非由各個人直行之，故交換之關係簡單，而其範圍亦極有限。

自性的分工移至社會的分工，私有財產制確立之後，則交換之性質大變。分工既日趨於復雜，則從事生產者更不能不變賣其生產物以購買生活必需之資料，故私產制確立後之交換，實含有交換財之所有權之性質，所謂以販賣爲目的而行之交換是也。此時之交換由個人直接行之，故交換關係日趨複雜，而其範圍亦趨於擴大。

助長交換範圍擴大之根本要素有二，人的根本要素與物的根本要素是也。人的根本要素卽商人階級，物的根本要素卽交通機關與貨幣。

分工既雜，生產者之種類愈多。生產者之間能直接實行物物交換，不勝其煩。且其交換範圍僅限於附近區域，而不能行遠。以生產者不能爲交換曠日輟業故。於是必有商人居間爲之懋遷，既可免各生產者間直接交換之煩，且得擴張其交換之範圍於異域。

在物物交換時代，雖有商人居間爲之懋遷，勢難負重致遠。故交換範圍之擴張又有待於貨幣之功用。貨幣醞釀於交換之中，隨交換之發達而發達，又能變易交換之形式。換言之，貨幣既可以擴大交換之範圍，增加交換之密度，又能增加貨物之普通性與流行性，能使素無關係而又疎遠之交換者互相接觸，故能促進交換範圍之擴大，

然有貨幣而無交通機關爲之助，則交換範圍仍屬有限。交通機關發達，能短縮地方或世界經濟之距離，人類交通，貨物運輸，均趨於便利，交換範圍之擴大乃無止境。吾人尋求經濟組織之變遷，由自足孤立經濟，而村落經濟，而莊園經濟，而都市經濟，而領域經濟，而國民經濟，以趨於世界經濟，皆交通機關發達之力也。近世交通機關發達之結果，無幽不矚，匪險不探，資本階級挾其資本之力，利用新生產技術，促成全世界

之商品主義化，踏遍天涯海角以尋求消費者。使一切足跡所到舟車所至之壤地，悉化為商品之市場，使一切圓顱方趾之人類，悉立於生產關係之上。合十六萬萬之人口與六大洲之土地而構成極複雜廣大之社會，社會之發達至此，可謂已臻極境矣。

第五節　文物制度之發達

隨生產力平行發達者，厥為文物制度。古代社會，生產力極其幼稚，人與人之經濟關係亦非常簡單，所謂文物制度，均包括於渾一的共同生活習慣中，文明人所稱政治法制道德宗敎科學藝術哲學等，皆由此渾一的共同生活習慣分化而出者也。蓋初民之營共同生活也，知憑藉習慣的拘束力以維持團體，和解內爭，是即政治法制之萌芽；知發揮其為團體犧牲之本能以保存自身蕃衍種族，是即道德之萌芽；知崇拜神靈以希求避免自然界之壓迫，是即宗敎之萌芽；知於欲望充足之後，舉行舞蹈歌唱以消遣其剩餘勢力，是即藝術之萌芽，知製造器具以生產生活資料，并藉經驗之集積以遺傳其生產方法於後世，是即科學之萌芽；知發明假說以求說明自然界之神秘，是即哲學之萌芽。迨至文明初期，生產力日見發達，私產制成立而階級之區別判然，舊日之渾一的共同生活習慣，已不能緩和階級間之利害衝突，於是經濟上占優勢之階级乃建立國家、創設法制，藉公共權力以維持社會之秩序，緩和階級之衝突，而政治法制遂愈增複雜，因而道德宗教科學藝術哲學等亦隨社會關係之複雜與社會範圍之擴大而平行發展。馴至今日，文物制度，燦然大備，推厥根由，實生產力發達之所致也。

第六章　家族

第一節家族之起原

家族爲社會生活之搖籃。人類種族之綿延發達，皆由家族之根幹而來；個人之營社會生活，皆由此家族共同團體之媒介而起。社會由低級階段進至高級階段之時，家族亦由低級形態進至高級形態，故吾人苟能究知家族之發達，即足以窺見社會進化之原理之家族制度之研究，固至重要而不可缺者也。

唯於此有一事應注意者，吾人既研究家族制度，斯不能不窮究家族之起源及其變遷；而欲窮究家族之起源及其變遷，斯不能不追逐人類歷史之源流，逆航而上溯於原始社會之形態。惟其如此，故吾人務宜屏除心意之陋習，愼勿用現代文明人之色眼鏡，以檢察現代制度之標準檢察古代社會之制度，而自陷於謬誤也。蓋人類之起源，杳不可測，據今日地質學人類學所舉之確證，人類之發生當在二十萬年至五十萬年以前，而人類可稽之歷史不過六千年耳，是吾人對於人類發達之歷史知者僅爲百之一，其餘之九十九則概以『有史以前』四字包括之，置不復道。故居今日而欲研究家族之起源，舍采用人類學風土學者所研究之結果爲根據無由也。近今社會學者中用風生學人類學的方法以研究古代家族之形態者甚多，若巴可芬，若瑪克倫南，若莫爾甘，若恩格斯，皆其最著者也。至若莫爾甘（Morgan）所論，則以久居北美印的安種族之故 皆實事求是，所著『古代社會』一書，對於家族制度之起源發達，言之尤能有物，誠最良研究資料也。茲參證諸家之說，擇其信而有徵者述之於下。

莫爾甘寄居印的安伊洛葛種人之間，習知伊葛洛人之男女關係，爲一種偶婚制、殆與臨時的一夫一婦制相似，所不同者男女雙方得自由離合，在一定時期，夫婦之關係殆爲一定，父子關係亦易於明瞭。惟有奇異之點，卽伊洛葛人之男子對於親生子女與兄弟之子女概呼爲子女，此輩子女則稱之爲父；對於姊妹之子女則呼爲甥姪，此輩甥姪則稱之爲諸父。婦人對於親生子女與姊妹之子女概呼爲子女，此輩子女則稱之爲母；對於兄弟之子女則呼爲甥姪，此輩甥姪則稱之爲諸母。兄弟之子女互稱爲兄弟姊妹；姊妹之子女則亦稱爲兄弟姊妹，兄弟之子女及姊妹之子女，則互稱爲表兄弟姊妹。

此種奇異之稱呼，不僅伊洛葛人爲然，卽美洲印的安種人全部亦然，又如東半球之印度土人亦莫不然，其他如澳洲及非洲土人亦大致相似，惟形式略異耳。此種與實際關係相異之親族制度果何由而生？散居世界各地而毫無關係之多數種人果何由而發生此種一致之現象？此其中必有甚深之理由在也。

此種與實際關係相異之親族制度，蓋有所自來，此證之夏威夷種人之男女關係可知也。夏威夷種人至十九世紀中葉爲止，男女之間確曾結合與上述親族制度相應之實際關係。故夏威夷種人對於兄弟姊妹之子女皆視爲親生子女，而此輩兄弟姊妹之子女則皆互稱爲兄弟姊妹。因此可證伊洛葛種人所以有上述親族制度者，實因前此確有結合此種實際的男女關係之痕跡也。故男女之實際關係隨社會之發達而變遷，並無一定，親族制度在其變遷之後，猶得保持舊狀，此制度與實際所以常不一致也。

是故古代社會之男女關係與今日之一夫一婦制大不相同，多數兄弟有共通之妻，多數姊妹有共通之夫，准此逆溯而上，則必有一羣之兄弟姊妹爲自然夫婦者，卽所謂自由多夫多妻制度者是也。

由此更逆溯而考及最原始之家族狀態，則必爲自由性交之時代，即一種族之中，一切女子屬於一切男子，一切男子屬於一切女子之男女關係是也。此莫爾甘及其他多數學者所認爲確實者也。

此種雜婚狀態或係最原始時代之男女關係，今已不能探出直接之證據，然亦不能列舉反對之証據以打消之。因此之故，學者間聚訟紛紜，莫衷一是。道學的社會學者則極端否認，視雜婚爲人類之恥辱。恆引高等動物爲例，謂『類人猿亦有正當夫妻關係，何況於人？』奉眞的社會學者則不加否認，視雜婚爲人類進化必經之階段，恆引現存野蠻種人爲例，謂『現今白令海峽種人英領北美亞撒巴斯干種人確有血族相姦之實事，不能藉類人猿爲例以証明人類雜婚制之不存在』。然恩格斯(Engles)則以爲雜婚制爲人類社會所以脫離動物社會之原因。蓋人類之所以能適於生存競爭而不至於滅亡者，以其能合羣也。而雌雄間嫉妬之情感，實爲防碍一切動物合羣之原動力。家族結合最堅固之動物，其合羣之本能甚弱；性交自由之動物，其合羣之本能甚强。故欲使合羣組織之發達，必以男女關係自由爲要件。原人男女間無所謂妬嫉之情感，故能結成大社會組織，脫出動物之境，此亦事實之或然者也。

第二節　血族羣婚家族

如上所述，人類社會，在最初似爲雜婚之動物羣。據莫爾甘之說，由雜婚狀態更進一步，則自然發生血族羣婚之家族。在此種族家內，親子間之性交首先禁止，祖輩與孫輩間之性交亦同時禁絕。於是多數之兄弟姊妹，自然成爲一羣之夫婦，故稱爲血族羣婚家族。

此種血族羣婚家族之中，第一列年老之多數兄弟姊妹成爲一羣之夫婦，所生之子女爲第二列，第二列之多數兄弟姊妹又成爲一羣之夫婦，其所生之子女爲第三列，第三列之多數兄弟姊妹亦如之。

雖然，此種血族羣婚制度，亦係一種推測，今已不復存在，任何野蠻種人亦未有結合此種男女關係者，惟今之夏威夷種人及波里奈沙種人尙留有與此種實際關係相應之親族制度而已。此種實際關係雖已廢絕，而相應之親族關係至今猶存，則雜婚之次必經血族羣婚之一階級，決非空想之言也。

第三節　半血族羣婚家族

據莫爾甘所見，血族羣婚家族更進一步，當爲半血族羣婚家族。半血族羣婚者，即同胞兄弟姊妹禁止通婚是也。同胞禁止通婚之理由，純爲自然淘汰之結果。彼原人知識幼稚，固無所謂自然淘汰之進化觀念，彼習見夫同胞通婚種族生齒不繁，遠不及同胞禁婚種族蕃殖之大，故不覺發生同胞禁婚情感也。

在此種半血族羣婚家族中，有一家族之全部人員構成一戶，以營共同生活者：又有一家族分爲數戶而居者；蓋以生齒日繁，合居一戶，勢有不能，故不得不分戶別居也。然當構成新戶之時，同母兄弟姊妹既已禁止通婚，則兄弟與姊妹不能不另求通婚之對手故甲母所生之兄弟與乙母所生之姊妹通婚，甲母所生之姊妹與丙母所生之兄弟通婚，各自另成一戶。由此更進而有以數人之兄弟爲中心與非姊妹之數女子婚媾以成一戶者。亦有以數人之姊妹爲中心而與非兄弟之數男子婚媾以成一戶者。據夏威夷種人之風俗，多數姊妹，從姊妹，再從姊妹成爲一團，以非兄弟之多數男子爲共通之夫，此多數共通之夫，互稱親友，不稱兄弟。又多數兄弟，從兄弟，再從兄弟成爲一團，以非姊妹之多數女子爲共同之妻，此多數共通之妻亦互稱親友，不稱姊妹。此半血族羣婚制之實例也。

此種半血族羣婚之男女關係，與伊洛葛種人之親族制度相適合。伊洛葛人之稱謂，父之兄弟之子與母之姊妹之子皆以兄弟姊妹行，父之姊妹之子與母之兄弟之子皆以從兄弟姊妹行。若由夫婦關係之點言之，是母之姊妹之夫亦爲母之夫，父之兄弟之妻亦爲父之妻也。此種男女實際關係在今之伊洛葛種人雖已禁絕，然就此種親族制度推測之，足証曩昔確有此種半血族羣婚之實事也。

此外澳洲之羣婚制度亦有與此相似者，據英國宣教師非遜研究澳洲種人家族制度之結果，謂南澳洲甘姆比亞山地之黑人，一族分爲二大階級；階級之內嚴禁通婚；一階級之男子生而爲他階級一切女子共通之夫，一階級之女子生而爲他階級一切男子共通之妻，蓋實行所謂階級羣婚者也。又如澳洲丹林河畔之卡米拉洛人原分二階級，後更分爲四階級。四階級之中第一第二兩階級之男女互爲夫婦，第三第四兩階級之男女互爲夫婦。第一階級女子所生之子女屬於第三階級，第二階級女子所生者屬於第四階級；第三階級女子所生者屬於第一階級，第四階級女子所生者屬於第二階級：蓋所以避除同胞相婚，而其爲羣婚制度則一也。

羣婚時代，親子關係最難分辨，惟自爲母者觀之，家中一切子女皆視爲己出，故血統由女子傳之。此種女系血統，後乃逐漸發達而成爲母系大家族制度，再加以種種宗敎上之儀式習慣，遂至成爲氏族制度，此氏族制度所以托始於半血族羣婚家族也。

第四節　對偶婚姻家族

由半血族羣婚家族更進一步，則爲對偶婚姻家族。在羣婚之時男女之間有一種正夫正妻之關係，例如十男子與十女子雖結爲一羣夫婦，而有時其中一男子擇一女子爲正妻，以其餘九人爲副妻；一女子擇一男子爲正夫，以其餘九人爲副夫。此種夫婦關係係爲便利起見，非由愛情而起，然已帶有對偶婚姻之傾向。此種制度發達之結果，男女通婚之禁制，逐漸推廣，同一氏族內之羣婚生活殆不可能，於是甲氏之男子不能不求乙氏之女子爲妻矣。是爲對偶婚姻之由來。

據伊洛葛種人之家族制度，一男一女之配偶數組，合居於所謂『長屋』之內，以營共產生活。此種『長屋』之家族，多由老年之母親掌管家政，男女婚嫁之事則均由老母操之。婚約既定，即由男子納禮物於對方之母親而贅入其家，率以爲常。此種夫妻關係亦非永久性質，合則留不合則去，由男女雙方自由定之。惟當夫妻不睦之時，有時亦有經親戚調處和好如初者，調處無效，則男子離女家他去。此伊洛葛種人現行之婚制也。

此種對偶婚姻與現今之一夫一妻制相似，惟有一顯著之差異，即此時女子之地位較男子爲優是也。蓋在羣婚時代，父子關係不明，血統由女系傳之，遂發生固定之母系制度，更進而發生氏族制度，故氏族之內，女子之權勢占優勝。其後由羣婚 爲偶婚，父子之關係雖明，而一切子女概屬於母系，男子僅有贅壻之身分而已。伊洛葛種人之偶婚家族制度，家政操於母系，婚姻之結合，均由母系定之，男子因招贅而往爲之壻，離婚時則去而之他，女子權勢之大可見一班。

故野蠻時代女子之地位較男子爲高，據歷史上嘗傳女酋長一事爲證，不難充分說明也。即如今之北美休倫種人現行之氏族會議制度，女子亦比男子爲優。休倫種人之一族由十一氏族組合而成，其氏族會議由各氏選出四女子一男子爲代表組織之，以處理共通事務。女權之優勝概可想見矣。

第五節　一夫一妻制家族

由對偶婚姻之家族更進一步，則為一夫一妻制家族。羣婚制為野蠻時代之特徵，偶婚制為半開時代之特徵，一夫一妻制為文明時代之特徵。家族制度由雜婚以進至偶婚，其原動力為血族禁婚，蓋經歷自然之變遷而來；至由偶婚而進至所謂一夫一妻之文明婚制，則另有一種新原動力在，卽財產是也。社會自有財產，始發生個人私產制度，同時偶婚亦一變而為一夫一妻制，遂逐漸進至文明時代。故欲說明由偶婚進至一夫一妻制之變遷，宜先說明財產之由來。

在昔性的分工時代，男任漁獵，女任家事，勤勞所得，供消費而無餘，故無財產觀念。自畜牧發明以後，男子則專任畜牧，而漁獵轉成附屬工作，出產逐漸增加，勞動力亦有餘裕，戰爭所獲之俘虜，成為生產之奴隸，而奴隸與家畜遂成為家族之財產。惟此時為女系家族制度，生財者雖為男子，而財權則由女子操之，男子由外贅入，殆與現今女子之身分相似，無干預家政之權。但營利手段操於男子之手，男子在生產方面既占居重要地位，彼習見夫家財之由女系傳統，男系絕無承繼之權，其必起而推翻女系財產權，乃勢所必至，此父家長制所以繼女家長制而起也，要而言之，財產增加，男子勢必掌握財產之權，因而男子之權勢逐漸增高，私產之觀念逐漸深刻，家畜私有，奴隸私有，甚至婦人及兒女私有，女權至是掃地，降至文明時代，女子之屈從，墮落，萎縮，已達於極點矣。

男權確立，女權不振，於是女子出嫁於男子之氏族，而掠奪婚姻以起，此證之現今澳洲及南美種人可知也。繼掠奪婚姻而起者則爲買賣婚姻，此爲現存野蠻人盛行之婚制，與近今文明人所謂納聘之婚式，正相類似，要皆爲依據財產而成立男女關係者也。

由偶婚制至一夫一婦制，須經歷父家長制之階級。父家長制之特色，由男子行使家長權管理妻子及奴隸，而實行一種家族共產制度。同時女子與奴隸均爲家長之財產。故男子爲確立男權計，遂課女子以嚴重之貞操，操生殺予奪之權，是爲宗法家族，又爲一夫一婦制過渡形態。通觀野蠻半開文明三時代，男女關係之特徵爲羣婚偶婚及一夫一妻制三種。此外又有所謂一夫多妻制與一妻多夫制者，然屬於例外之形式，實非普遍之婚制也。羣婚因受制限轉成偶婚，偶婚因私產成立更轉成一夫一妻制。

偶婚制與一夫一妻制之區別，在偶婚一方面，女權較男子爲優，亦可稱爲一時的一夫一妻制，雙方離合自由，自轉成一夫一妻制以後，夫婦關係成爲永久性質，男子得任意出妻，女子則否。且男子有餘力者得廣置妻妾，縱欲無度。故一夫一妻制之實際，與男子片面的羣婚制無以異也。

一夫一妻制之最不自然者，無如私通與賣淫。男子課女子以嚴重之貞操，禁鎖深閨，不使與外界接觸，而女子仍不免有私奔之事，中冓之穢德，不可勝數。其任男子一方面，則狎妓宿娼，荒淫無度，女子無可如何也。故形式上雖爲一夫一妻，而實際上男子則人盡可妻，女子則人盡可夫，其矛盾孰大焉。

溯一夫一妻制之成立，實由男權確立之故；男權之確立，實由共有財產化成男子私產之故。世之道學者，宗敎家，恆視一夫一妻制爲最神聖最高尙最純潔之男女關係，而不知其並非出自愛情而出自財產關係也。世有私產發生，而社會有貧富之別，富者憑藉經濟勢力，成爲治者，成爲權力者，以壓迫貧人，虐待貧人；男子在家族內亦憑藉經濟勢力，成爲治者，成爲權力者，以壓迫女子，虐待女子。此女子所以淪於奴隸之列也。

第六節 婦女解放與家庭之將來

家庭制度之變遷，女權不振之由來，如上所述，已見一班，玆更進而推論婦女之解放與家庭之將來。

一夫一妻制至今日可謂異常發達，固世人所視爲最道德之男女關係者也，然以社會學的見地觀察之，則有未盡然者。通觀今日文明社會之婚制，大略不出父母包辦制及政略結婚金錢結婚數種，最近雖有由當事人自由結合者，然基於戀愛之結合，實居少數。今日婦女謀生之方法，不出三途，卽『作妻妾』，『賣淫』，及『從事職業』是也，三者除職業婦人自食其力外，其餘作妻妾與賣淫者，在社會上之名譽雖殊，而其恃性以謀生則一也，今日婦女之種類亦不出三種，卽所謂『貴婦人』，『中流婦人』及『無產婦人』是也，三者除無產婦人在家庭地位較優以外，其餘所謂貴婦人與中流婦人在社會上之地位雖殊，而其爲男子之性的奴隸則一也。婦女地位之低劣如此，男女關係之不合理性如此，其能一成而不變乎，吾人有以知其必不然也。

蓋男女關係隨經濟之進化爲推移，故將來男女關係之變遷，亦惟有於將來經濟狀態之變遷中推論之。私產制度成立以來，至今已數千年，經濟進化之極致，必有無私產之新社會出現。無私產之新社會實現，則一夫一妻制所藉以成立之經濟基礎亦歸於覆滅。原一夫一妻制係由傳授遺產於子孫之必要而生，新社會既無私產，則男性傳授遺產於子孫之觀念勢必改變。一夫一妻制既因經濟的理由而生，經濟的理由消滅，則一夫一妻制亦必隨而消滅。與其謂爲消滅，即謂爲一夫一妻制之完全實現，亦無不可也。生產手段既歸社會公有，女子斯無委身男子謀生之必要，而根據戀愛結合之一夫一妻制定能實現。至此則男性之狀態必與舊日相反，而女性之狀態亦必大生變化。生產手段既轉爲公共財產，則單一家族，已非社會之經濟單位。私的家計成爲一種社會的產業。子女之扶養及教育成爲公共事務，社會對於一切兒童，無嫡出私生之別，一律平等保護。於是男女自由戀愛之障礙消除，而眞正之戀愛成立。世之道學者流，昧於男女關係進化之歷程，竊慮將來男女之防範一弛，則男女關係雜亂放縱，勢非恢復古代雜婚或羣婚之狀態不止，人類且有淪於禽獸之虞。故對於戀愛結合，視爲異端邪說，極端闢斥，是又過矣。歷史爲進化的而非退化的，一切社會制度，因時勢之必要而生，亦隨時勢之必要而亡。家族制度為社會制度之一，苟於人類之存在有絕對必要，雖欲破壞而無從，苟於人類有害，雖欲保存之亦不得也。母系制度廢除之後，人類至今猶存，則父系制之廢除，人類又焉有絕滅之患哉。

第七章　氏族

第一節　氏族之界說

有史以前爲氏族之歷史，有史以後爲國家之歷史。氏族組織崩而國家代興，國家建立於氏族組織廢墟之上，非由氏族直接演進而來者也。茲於論國家之前，先論氏族。

氏族可分母系氏族及父系氏族兩種：血統由母系繼承者，謂之母系氏族；血統由父系繼承者，謂之父系氏族。氏族之血統與家族之血統平行。氏族由同出於母系者構成之時，則家族必由母系傳統；氏族由同出於父系者構成之時，則家族必由父系傳統。二者之中，父系家族較母系家族爲進化，故父系氏族亦較母系氏族爲進化。據莫爾甘恩格斯兩氏研究，北美印的安伊洛葛之氏族爲氏族之典型，而西洋古代史中所傳之希臘氏族與羅馬氏族則已進化於伊洛葛氏族之前。伊洛葛氏族者，母系氏族也；希臘氏族與羅馬氏族者，父系氏族也。前者尙在野蠻時代之狀態，後者已入於文明初期之狀態。溯氏族之發生，托始於半血族羣婚家族，蓋在羣婚時代，多數之父母與子女構成一家族，親子關係最難明瞭，父莫辨誰爲親生子，子莫辨誰爲親生父。所能分辨者，母子之關係而已。故血統自當由女系傳之，後遂發達而成爲母系制度。惟在半血族羣婚家族之內，性交之制限逐漸推擴，不僅同母兄弟姊妹禁止通婚，卽同出一祖母之兄弟姊妹或從兄弟姊妹之間亦嚴加限制。禁婚之範圍擴張，遂至同出一母系之家族全體中之一切性交完全禁絕。於是內部不婚之一母系大家族，益以種種宗教上之儀式及習慣，遂以構成一氏族，是卽母系氏族。至於父系氏族，乃在父家長制家族發生之後出現者也。

氏族雖有母系與父系之分，然同爲民族未建立國家以前之社會形式，其性質大同而小異，舉其重要之點約有六端。

第一、同血統　無論母系氏族或父系氏族，凡組成一氏族之各人員，其血統必同出於一母系或父系，至少亦必相信其同屬於一母系或父系者。

第二、建圖騰　圖騰者卽標幟之意，氏族之有圖騰，所以表示其血統與他氏族有別者也。圖騰之種類甚多，有以虫魚鳥獸名者，有以生物名者，有以地名者，有以先祖名者，有以神名者，其名稱雖不一，而其揭舉以爲徽號，則無間於母系或父系而皆同者第三、族內禁婚　氏族發源於半血族羣婚家族，實由血族禁婚之制限而起，此不僅母系氏族爲然，卽在父系氏族亦莫不然。如原史學家所傳希臘及羅馬氏族，雖間有許可於族內通婚者，然以女承繼人或孤女爲限，以示財產不出氏族之意，而原則上則禁止族內通婚者也。

第四、財產共有　母系氏族之財產由母系繼承，父系氏族之財產由父系繼承，其繼承之方法雖不同，而其財產除個人所習用之勞動手段及消費物外則概爲氏族共有。氏族經濟由狩獵進於畜牧，由畜牧進於農耕，其間生產物及土地殆無時不歸氏族共有者。

第五、互助互救　氏族爲營血族共同生活之團體，對內對外均有互助互救之精神。氏族之擴大而成爲宗族，成爲種族，此互助互救之精神則始終一貫。

第六、宗教儀式及習慣之共同　無論母系氏族或父系氏族均有一定之宗教儀式，並遵守一定之共同習慣。

上六項爲一切氏族共通之性質，因此吾人得下一氏族之界說曰：

氏族者，乃同出一血統之人員，建立一定圖騰，禁止內婚，遵守共同宗教習慣，共實行互助互救以營共產生活之血族共同團體也。

第二節　氏族之組織

血族禁婚與人口增加之結果，原始母氏族分裂爲一列支氏族，兼攝數支氏族之母氏族遂形成爲宗族；集合多數宗族遂形成爲種族；集合多數種族遂形成爲種族聯合。其中宗族一級，間有缺者，而氏族，種族及種族聯合三級，則爲氏族組織發展必經之程序，此一切氏族制度之通性也。玆就莫爾甘恩格斯所研究之伊洛葛及希臘羅馬之氏族制度，分論氏族，宗族，種族及種族聯合之職能。

一、氏族之職能　氏族之職能，舉其要者，約有七項。（一）每一氏族有氏族會議及族長，氏族會議由壯年男女組成之，男女有平等投票權，氏族之主權屬於氏族會議；族長由氏族會議選舉，主持對內對外一切事務；族長有設一人者，有設二人者，有由族內選出者，有由族外選出者，但非世襲；族長對內之威權，純係道德性質之尊嚴，無強制之方法；族長有不稱職時，得由氏族改選之。（二）氏族具有一定名稱，個人之名稱，隨其所屬之氏族爲標記。（三）氏族內部嚴禁通婚。（四）財產不出氏族，死者之遺產，由所屬氏族兄弟姊妹或子女承受。（五）氏族各有共同之墓地，有共同之宗教儀式。（六）氏族得容收外人，但須得氏族會議批准。（七）全氏族互相扶助互相救護，遇有加害於氏族人員，全氏族均爲之負責報復。以上爲氏族主要之職能，綜其大要而論，蓋深合於自由平等友愛之原則者也。

二、宗族之職能　宗族由多數氏族合組而成，其職能有一部分爲社會的，有一部分爲宗敎的，舉其要者如下。（一）宗族有宗族會議及酋長以處理氏族間之共通事務。宗族會議由各氏族推舉代表或氏族長組織之，酋長由宗族會議選舉，不稱職者得自由罷免之。（二）各氏族選舉族長，宗族會議照例參加，經批准後始爲有効。（三）一宗族之長老死亡，他宗族有爲治喪之義務。（四）宗族爲一軍事單位，對外作戰時，與他宗族聯合抵禦。（五）宗族有實行宗敎魔術之公所，宗族內各人員，均得參與以受魔術之啓發。

三、種族之職能　種族由多數宗族組織而成，亦有直接由多數氏族組織而缺乏宗族一級者，其職能如下。（一）種族設種族會議及元首以處理各宗族或各氏族間之共通事務。種族會議由各氏族選出之族長組織之，元首由種族會議推選。(二)種族會議得規定與其他種族之關係，有對外宣戰或媾和之責任。凡屬氏族人員，不分男女，均得出席種族會議傍聽或發表意見，但無決議權。(三)種族有一定之土地。(四)種族有共通之語言及特殊之土語。(五)種族有特殊之宗敎形式。(六)氏族選出之族長，須經種族任命，始爲有効。(七)種族對外作戰時，由種族內著名戰士組織遠征隊或防禦隊，擔任攻守之軍事行動。

四、種族聯合之職能　種族聯合由各血統相接近之多數種族合組而成，其職能如下。(一)種族聯合有多頭執政，以處理各種族間之事務。(二)聯合會議以各種族中之氏族長爲代表組織之，爲種族聯合之最高機關。(三)由聯合會議產出執政，執行對內對外一切政事軍事諸職務。(四)聯合會議得由一種族之要求，召集開會，一切議決案須經各種族表決，始能發生効力。以上爲種族聯合之職能，殆已粗具民族之形式矣。

由上所述，可知氏族爲古代社會組織之單位，由氏族而宗族，由宗族而種族，而種族聯合，乃氏族制度發展必經之程序。各級皆爲血族關係濃淡不同之集團，各級自身皆有完全組織，各自處理其事務，而又互相輔助。各級組織處理事務之範圍，完全包括野蠻民族公共事務之總體。凡成為組成民族之社會單位之氏族，苟有存在之痕跡，不難循此以發見與此相似之種族組織。古代民族建國初期最難明瞭之疑義與謎語，皆可渙然冰釋矣。

氏族制度雖極其幼稚，極其單純，然不失為一種可驚之組織。無軍隊，無憲兵，無警察，無監獄，無訴訟，亦無貴族，國王，知事及裁判官，然萬事之進行，皆有秩序。一切爭論糾紛，概由氏族或種族解決，或由各氏族協商解決之。有時雖用復讎之極端手段，然與文明人所用之死刑，顯有區別。財產歸家族共有，土地歸種族共有，男性與女性平等。老弱殘廢，均由家族贍養，無流離失所之憂。此種族社會與文明社會絕不相同，無貧富之分，無階級之別，無森嚴之法令，亦無威脅之强權，而各個人性格之威嚴與夫公直忠勇之道德，自今日文明人視之，殊堪驚歎不置，凡曾身歷現代蠻族一考察其風土人情者，莫不播為美談者也。

第三節　氏族之崩壞

氏族發達至於種族一級已臻極境，如更由種族進於種族聯合，即豫伏崩壞之徵。蓋氏族爲對外行生存競爭之組織，又爲營共產生活之共同團體。在氏族組織全盛時代，地廣人稀，生存競爭，尙不劇烈。此時人類完全受自然環境所支配，其營血族共產生活，殆亦自然環境廹之使然也。逮種族組成，則已由狩獵時期進於畜牧時期或農耕時期，土地成爲生活唯一之手段。人口稠密，給養艱難，生存競爭，日益激烈。於是種族與種族之間，或互相聯合，或互相鬥爭。互相聯合者，殆爲血統相近之種族，其間之利害衝突甚少，且爲對抗外族計，較適宜於種族之存在。互相鬥爭者，殆爲血統相異之種族，其間之利害衝突必大，其鬥爭係生存競爭之性質，所謂氏族制度中自由平等友愛之精神，僅行於種族之內，對於種族以外之人則不少寬假，故其戰爭也非常猛烈，其殺戮之殘忍，較之文明人之戰爭，有過之無不及者。戰爭之結果，或互相併合，或一方屈服，而發生隸屬之關係。此種隸屬之關係一旦發生，則前此種族中所存自由平等友愛之精神，多少發生變化。故氏族制度發展至於種族聯合，即爲崩壞之見端。玆更就氏族制度崩壞之經濟的原因說明之。

自蓄牧成爲人類主要之勞動，牛酪獸皮羊毛等出產物增加，而物物交易之經濟始生。繼之而起者則爲園圃耕作，其次爲織機熔鑛與金屬之加工。牧畜農耕及家內手工業相繼發明，生產增加，人類之勞動力漸有餘裕，各個人一日所分擔之勞動量遂以增高。於是發生新勞動力之需要。供給此項新勞動力者厥爲戰爭，戰爭所獲之俘虜遂成爲生產之奴隸。勞動之生產率增高，財富之分量增加，生產之範圍擴大，而奴隸制度之發生遂成爲歷史的條件。社會因第一次大分業裂成兩大階級，即主人與奴隸，剝削者與被剝削者是也。

家畜一旦成爲一種新財產，家族制度遂經一度之革命。蓋此時營利常爲男性事業，營利手段爲男性所生產而成爲男性之財產。女性逐漸爲家內勞動所限而不從事於社會的生產，遂至失其財產權。因此誘致母權制之滅亡與父權制之開始，而單一家族之男性支配遂以確立。

迨至鐵器時代，人類知發明鐵器使用，而土地日以開墾，農耕日見發達，手工業日趨繁盛。行業既多，不能不更行分工，而第二次大分業以起，工業遂自農業分化而出。

農工分業，而直接以交易爲目的之商品生產發生。此時商業不僅行於一種族或一境界之內，實已越境與異域互市，貴金屬已成貨幣的商品，惟不加鑄造而已。

富者與貧者之差別，即爲自由人與奴隸之差別。各家族長財產多寡之不同，誘致舊時共產家計之消滅，土地共有制度亦因而破壞，單一家族，至是成爲社會之經濟的單位。

人口既日趨於稠密，則對內對外均發生緊密的團結之必要。各種族之互相聯合乃成爲自然之趨勢。各種族既互相聯合，久之自相融洽，同時各種族之領土亦融合而成爲一民族之領土。民族成立，則對外不能不設立軍帥，對內不能不設置議會民會。而軍帥議會民會三者遂變成氏族的社會之機關。

氏族組織之始，無所謂階級與身分，亦無所謂權利與義務。論其權能，對內則處理種族內部之事務，對外則保護種族之存立。迨後私有制度成立，性質一變。鄰族之財富，最足以刺戟民族之占有慾，致富遂成爲此等種人唯一之目的。彼原人自以爲刼奪爲致富之手段，故掠奪戰爭成爲彼等經常營利方法，與前此爲復仇或擴張領土之戰爭，大異其趣。掠奪戰爭，能提高最高軍帥等階級之權力。最高軍帥等階級之權力張，則身分地位之觀念萌，而繼任一事遂至成爲問題，故最高軍帥等之後任向例由同一家族選出者，至父權制成立之後，乃逐漸變爲世襲制度，世襲貴族階級即由此而生。於是各種氏族組織機關之作用變更，嚮之處理種族自身之事務者，今則變爲掠奪鄰人壓迫鄰人之組織，嚮之發表公共意思者，今則變爲支配民衆壓制民衆之機關矣。若此者，皆因求富之慾望分裂氏族各員爲貧富兩階級之故也。

人類進化至此階段，遂踏入文明時期。文明由新分業而成，卽農工業之外更有商業是也。自有農工之分業，而直接以交易爲目的之出產物逐漸增多，各個生產者間之直接交易，成爲社會生活之必要條件，商業於以發生。故文明能生產不事生產而事交易之商人，商人介於兩生產之間，以盤剝爲能事，操奇計贏，掌握生產之全權，變成社會的寄生動物之階級。

商業發達，貨幣產生，息借成立，土地所有權及抵押權亦均盛行。其必然之結果，財富迅速集聚於少數人之手，而民衆之貧困日增。貧者多則奴隸之人數亦加多，強制的奴隸勞動制度以成。

社會的變革至此，氏族組織遂開始崩壞。氏族組織以氏族或種族之人員同住於同一領域為前提。自經濟界變化之後，諸氏族與諸種族混居，奴隸市民與異域之人雜處。個人與個人之社會關係既生變化，氏族團體之人員，除歲時臘社會行宗教祭祀以外，已不如昔時之集會處理共同事務矣。職業狀態變化，社會的編制亦生變化，各個人發生與舊日相反之新需要與新利益。工業者有公會，公會中人員不盡屬於同一氏族也。都市中有集團，集團中之人員，不盡屬於同一氏族也。職業狀態之變化，能使親屬分裂為貧富兩階級；利害關係之衝突，能削弱親屬關係之情誼。氏族組織之團結力弛，各個人為利益之團結力張；需要不同，地位懸殊，利益之衝突日甚，氏族組織不能支配社會之人心，社會顯然分成自由人與奴隸，富者與貧者對峙之社會。此種對峙之傾向不但不能融合，且有逐漸增大之勢。欲維持此社會之存立，則惟有此等對峙之階級繼續戰鬥，否則必有第三權力立於此種階級鬥爭之上以鎮攝之和緩之，使進於高級的經濟範疇，二者必居其一也。至是氏族組織告終，而國家遂代之而興。

第八章　國家

第一節　國家與社會之區別

今之談社會國家者衆矣。然詢以何謂社會何謂國家，則茫然無以應也。社會學者昧於社會之意義而侈談社會，國家學者昧於國家之意義而侈談國家，浮言愈多，眞理愈晦，是不可以不辨也。

近今社會學國家學之派別甚多，而對於社會與國家之見解則有一共通之趨嚮焉，即混社會與國家爲一談是也。社會學者謂社會爲人類心理結合之團體，國家爲最高形式之社會，論及社會時恆集其注意於國家；國家學者謂國家爲人類應公共需要結成之團體，即係人類精神結合之社會，論及國家時恆集其注意於社會。社會也，國家也，在此等學者之心目中直一而二二而一者也。社會者，人類爲滿足欲望而直接間接加入生產關係之結合也；國家者，社會歷程中之產物，爲統治階級對立而發生者也。國家非即社會，亦非最高形式之社會，乃係政治的共同團體。社會與國家本有互相關聯互相錯綜之點，而其範圍，其界限，及其生活內容，實不一致。玆分別說明之。

一　社會形式與國家形式　社會之形式，就生產技術進步之程序言，可別爲原始社會，初期封建社會，高級封建社會，資本主義社會，社會主義社會、共產主義社會六種範疇；就空間之生活狀態言，則凡直接間接立於生產關係上之一切人類，僅能構成一社會。社會非個人任意之結合或集團，吾人不能强就同立於生產關係上之一切個人，任意劃出某一部分人爲一種社會，劃出他一部分人爲另一種社會。至若國家之基礎，則建立於階級對立的社會之上。而階級對立之事實，托始於初期封建社會，而次第消滅於社會主義社會中。原始社會中階級對立之事實，尙未發生，故無國家發生，共產主義社會中，階級對立之事實已歸消滅，故無國家存在。國家之形式，就其發展之程序言，可分爲初期封建國家，高級封建國家，資本主義國家，社會主義國家四種範疇；就空間並立之狀態言，則可分成無數不同之國家。蓋國家以土地區分人民，故得就同立於生產關係上結成社會之一切個人，任意劃出一部分人屬於一種國家，劃出他一部分人屬於另一種國家。此社會與國家形式之區別也。

二　社會範圍與國家範圍　社會決定其所屬之人員，視其是否加入於一定生產關係爲斷，不問其所屬之國家如何；國家決定其所屬之人民，視其是否歸屬於一定領土爲斷，不問其所屬之社會如何。故社會之範圍與國家之範圍，顯然不同。例如今日之資本主義社會，就歐洲而論，實跨有英德法意與荷瑞諸國之領土，然就諸國經濟狀況而言，諸國決不屬於單一之社會形式，以其屬於此等國家的共同團體者，非同時同屬於某特殊社會形式故也。大凡一國之人民，皆得應用其不同之經濟方法以成立物質的交換關係。故自其經濟發展之階段分別言之，有一部分已進至近代資本主義社會者，而其他部分則仍止於封建的或原始自然科學的社會狀態者。如瑞典之拉布人，雖屬於資本主義之瑞典國家，而不屬於資本主義社會；如日本之蝦夷人，雖屬於資本主義之日本國家，而不屬於資本主義社會者是。反之，同屬於資本主義社會者，又不必其同屬於某特殊政體之國家，如英吉利人，法蘭西人，美利堅人，雖同屬於資本主義社會，而不同屬於同一憲政之國家者是。此社會範圍與國家範圍之區別也。

三　社會人員生活與國家人民生活　個人因取得生活資料而與他人結合以加入一定

生產關係之時，則以企業家，勞動者，手工業者，工場主，銀行家，商人，農業者，技師，代理人等之資格，成爲社會之人員；其所營之生活爲經濟的生活。個人因受國家法律或義務所拘束，而加入於政治的關係之時，則以官公吏，政治家，黨員，軍人，警察，納稅者等之資格，成爲國家之人民；其所營之生活爲政治的生活。故階級之區別，乃社會之構造而非國家之構造；階級乃由經濟生活產出之社會等差，而非國家之制度。階級的社會中之階級的生產關係，得階級的國家之承認，又受公共權力之庇護。凡屬營社會的生活之各個人，其因階級的關係取得剝削他人之機會者，更可於國民的生活上取得剝削他人之好機會焉；其因階級的生產關係而陷於被他人剝削之境遇者，更可於國民的生活上陷於被他人剝削之惡境遇焉。此社會人員生活與國家人民生活之區別也。

四　社會秩序與國家秩序　社會之構成與國家之構成既不相同：同樣，社會秩序與國家秩序亦不相同。社會秩序爲國家秩序之基礎。社會先國家而存在，社會秩序亦先國家秩序而存在。任何社會，其經濟的生活歷程之結果，必實現規定一定社會關係之規律。苟無此規律，則經濟歷程中各個人爲滿足欲望之目的而實行之共同作用無由顯現。此規律遂以構成社會秩序。至若國家秩序，本質上乃採用經濟歷程中規定共同生活或共同作用之規律之一部分納入國法組織或模型中，以鑄成法律或命令者也。質言之，社會的生活歷程，恆產出相互之關係，因而發見一種習慣的規律。此等規律，在民族組織時代，由血族共同團體執行之，迨政治的國家共同團體出，則代替血族共同團體之任務，因而國家秩序遂以代替社會秩序。此社會秩序與國家秩序之區別也。

五　社會的規律與國家的法律　國家秩序雖代替社會秩序，而國家並非收集社會生活全部之材料或全部社會關係，悉舉而納諸法律的規定之下者也。國家法律不過僅就社會中所實現之規律，採其一部分納入國家秩序之中而已。例如借錢還息，已成爲社會生活中通行之規律，國家決不制定借錢必還息或借錢者必應還息若干之法律，以無必要故也。今日之貸借，除親友外，殆無有借錢不還息者，而息金之多寡亦可由雙方自由協定。法律所規定者僅防止重利盤剝，或規定索債之權利及還債之義務耳。又如商品價格應否依需給關係決定；利潤率應否平均；剩餘價值應否有定額；工銀應否超過最低生活以上；勞動者應否從事剩餘勞動而以其利得歸諸資本家；利潤，利息及地代等應否分離等事，法律亦不加規定，以此等事爲經濟歷程中所必然實現之規律，無特別規定之必要也。價格之形成，剩餘價値及利潤率之實現，商品之循環，財富之集積，地價之移動，工銀之變更等事，殆皆已成爲社會的法律，雖未經採入國法範圍，而其流行於社會生活之中爲各個人所必須遵守，較國法尤有效焉。此外非由經濟歷程直接產生而由全部社會關係產出者，如犯罪率之升降，出產，結婚，死亡，疾病等之增減；習慣的道德，禮節，儀式等項，皆爲社會的法則，亦不屬於國法之範圍者也。是故國家秩序不包括全社會的規律；國家法律不包括全社會規律之經濟的內容。國家法律，要不外採取社會的規律之一部分置於國家強制之下，而其他一部分則作爲社會的習慣保持之耳。此社會的規律與國家的法律之區別也。

由以上所述，可知國家與社會雖有互相關聯互相錯綜之點，而其範圍，界限，及其生活內容實不一致，又烏可混爲一談哉？

第二節　國家之本質

國家之本質如何？此爲歷代學者聚訟之中心問題，人各一說，莫衷一是。如柏拉圖

(Plato) 則謂『國家爲必要的創造品』,亞里士多德(Aristotles)則謂『國家爲自然生長物』,浩布思(Hobbes)則謂『國家爲人人戰爭之結果』,盧梭斯比諾塞(Spinoxa)陸克等則謂『國家爲社會契約之結果』,黑智兒(Hegel)則謂『國家爲法律的道德的政治的自由之實現』,西塞洛(Cicero)則謂『國家爲法律團體』,克來(Carey)則謂『國家爲盜賊團體之製造物』,諸如此類,不遑枚舉。此等學說,固各自有其相當之見解,惟就社會學的見地觀察之,予以爲皆非是也。據吾人所自信,國家之本質,應依左列諸點說明之。

一 國家爲剝削的支配 欲謀社會秩序之維持,必須實行強制,欲實行強制必須行使權力,此氏族共同團體與國家共同團體之所同者也。惟強制實行之範圍與權力行使之程度,則兩者大異其趣。氏族共同團體之強制,係應社會之必要而發生之強制。任何社會人員,決無超過社會之必要以上而實行強制之事。其爲實行強制而行使之權力,亦以維持社會秩序之必要的程度爲限,決不逸出社會人員所公認之範圍以外而行使其權力。至於國家共同團體之強制,則爲超出社會之必要而發生之強制,卽一部分個人爲維持自身利益而加諸其他一部分個人之强制。此種强制固亦有應社會之必要而實行者，而超出此必要之範圍以外者實居大部分。其爲實行强制而行使之權力，亦超過維持社會秩序之必要的程度以上，常逸出社會人員所公認之範圍以外而濫用其權力。又氏族之強制，決無有一部分人剝削他一部分人之利益者；而國家之强制，則必有一部分人剝削他一部分人之利益。此種含有剝削的性質之强制，學者稱之爲支配；濫用權力以行其剝削之實者，則稱爲剝削的支配。

剝削的支配云者，卽一部分人以其自己之意志左右他一部人，利用之以奪取其目的物之意也。此種利用之目的物，卽經濟的物質及精神的文化内容是。其利用之方法，對於物質則爲剝削，對於文化内容則爲享樂之變形。支配階級非僅於形式上支配下級人民而止，必也驅使下級人民從事苦痛較多之勞動，掠奪其生產之結果，藉維持其優裕之生活，而己則專事非生產的工作。階級的社會組織雖時有變遷，此種剝削之形式雖亦時有差異，而本質上則無不相同。如在今日資本的生產時代，則以地價，利息或利潤之形式行之；在昔日之封建時代，則以高祿厚俸之形式行之，其剝削之形式雖不同，而其爲剝削則一也。支配階級及其擁護者之生活，皆恃下級人民之勞動維持之，而其自身决不從事勞動。此對於物質之剝削也。至如道德，宗教，學問，藝術等文化內容，其分最並不因使用而減少，人人固得而享樂之，似非支配階級所能獨占者。然對於文化內容之享樂，必耗費多量之光陰與努力，非免除生產的勞動之階級不能爲也。學問與藝術，在古代所以成爲貴族之享樂品者以此。惟支配階級既得成爲文化之專門享樂者，則此文化內容亦必受一種影響。此影響卽爲享樂之變形。享樂飲食者必努力其備美酒嘉肴以果其口腹；則享樂文化者亦必努力製造文化內容以滿足其一己之欲望。製造文化內容以滿足欲望之方法，卽使此文化內容謳歌其自身或直接間接擁護其利益是也。故支配階級對於此種文化內容卽不獨占，且使下級人民亦得享樂之，而具有此種性質之文化內容，實能使彼輩自安於現狀，並得誘進其對於支配階級之尊敬心與服從心焉。此支配階級掌握社會精神的食物之效也。文化內容自身本無罪，然一經支配階級所利用，則易變成謳歌或擁護支配階級利用之資。此點僅就古來文化內容創造者所屬之階級細察之，卽不難了解也。文化內容爲閒暇之產物，當其始也，純由免除生產勞動之支配階級專負創造之責，迨後社會從事閑散生活者日多，遂改由其他有餘裕之人創造之，然彼等之得營閑散生活以免除勞動義務，實受支配階級之庇護，則其所創造之文化內容，亦自然流於享樂的變形之傾向。況享樂者之支配階級又握有變更文化內容之實力者乎？

二　國家爲階級的支配　共同團體之組成，以全體之共同福利爲前提，此氏族與國家之通性也。雖然，於此有一顯著之差異焉。氏族之爲全體人員謀共同福利也，其共同福利與各個人自身之福利，決無厚薄高下之分；國家之爲全體人民謀共同福利也，其共同福利與各個人自身之福利則有厚薄高下之分。就國家言，自客觀上觀察之，國家之富强，卽支配階級利益之增進，此支配階級爲謀全體共同福利，藉以擁護其自身之利益者也；自主觀上觀察之，任何時代之國家，其支配階級決不忘其自身之利害，支配階級欲增進其自身之階級的利益時，則必以謀全體共同福利之活動爲其必要之手段。故就國家之本質分析之，階級的利害者，目的也；共同福利者，手段也。國家所以常爲階級的國家，常爲剝削的工具而得維持其存在者，恃此目的與此手段聯絡之力而已。雖然，階級的利益與共同福利，亦非相幷而行者。當支配階級謀階級的利益時，被支配階級必常立於被剝削者之地位，犧牲而外，無絲毫福利之可言。然被剝削者處階級的社會中，既受生活欲望之逐迫而加入階級的生產關係，以維持其卑劣之存在，則在階級的支配之國家中，其受支配階級所剝削也，實屬無可倖免。當支配階級謀共同福利時，被支配階級亦未嘗不與支配階級共休戚者。如國家對內維持安寧秩序，對外保護人民時，支配階級安則被支配階級亦與之俱安而同享其福，支配階級危則被支配階級亦與之俱危而同受其禍是也。雖然，兩者享福被禍之程度亦不可不辨也。方秩序得以維持或國土得以保全之時，支配階級仍得保持優越勢力，所得者大；被支配階級僅能安居樂業，所得者小。方秩序不能維持或國土不能保全之時，支配階級僅喪失其優越勢力，所失者小；被支配階級則因此流離失所或因此作戰而亡，所失者大。是故支配階級之謀共同福利，乃擁護階級的利益之一手段而已。世人不察，或謂國家之最高目的在於謀一般民衆之福利，或謂國家爲人類道德之最高表現，毋乃太置重於支配階級之手段而忘其目的之所在也。

三　國家爲社會之機關　國家爲社會歷程中之產物，當社會最初發生經濟利害相反之階級，因而陷於紛亂不可解決之矛盾狀態時，則國家遂成爲社會之機關而產生。蓋社會內部經濟利害互相衝突之階級，苟不欲其自身永遠從事無益之鬥爭，苟不欲社會之因階級鬥爭而破滅，則爲緩和此鬥爭以納諸秩序之埒內，必需要一種超社會之強力以統治之。此強力卽國家權力是。故國家爲社會之機關，由社會產出而位於社會之上，又漸與社會脫離關係而獨立者也。

個人行爲之原動力，必經由頭腦而後發生，故命令個人從事某種行爲時，則此行爲必變爲意志之動機；同樣，支配階級活動之原動力，亦必經由社會之機關而後發生，故命令支配階級從事某種活動時，則此活動卽成爲國家意志之動機。惟個人意志之內容，由個人之欲望構成之；同樣，國家意志之內容，亦由支配階級之欲望構成之。是故歷史上國家之意志，大體上實由社會階級之欲望而定，由階級之優越勢力而定，窮其究竟，則實由生產力及生產關係之發展而定。在生產及交通手段異常發達之今日，國家並無獨立發展之獨立意志，其成立與發展，惟有由社會經濟的生活條件始能說明者也。

國家本爲社會因對付內外攻擊，防護共同利害而造出之機關，然發生不久，卽對社會獨立，而成爲一定階級之機關，隨階級的支配之實現而愈益獨立。溯國家之成立，實以生產關係爲基礎，古代國家建築於奴隸制度之上，由自由人與奴隸構成之；近代國家建築於工銀制度之上，由資本家與勞動者構成之。是故政治的支配與經濟的基礎，不容分離，古代國家內部之政治的爭鬥，殆無不與經濟的基礎有密切之關係者。自國家離社會獨立以後，此政治的支配與經濟的基礎，似乎漠不相關，論國家者則亦淡然忘之矣。政治的支配與經濟的基礎分離，國家乃永遠成爲支配階級之國家而不能代表社會全體，因之免除生產勞動義務而受支配階級庇蔭之職業的政治家與法律家，乃專採法律的形式以規定經濟的事實，國家幾成爲法的構成體，西塞洛氏謂國家爲法律團體者，非無故也。

由以上所述，國家之本質如何，亦大略可覩已。茲特爲國家之概括的定義曰：國家乃社會之機關，由特殊階級，以經濟的剝削之目的支配下層階級，並爲防止內部叛變與外部攻擊而造成者也。

第三節 國家之成立

國家之基礎，建立於社會階級對立之上。方氏族組織發展至於種族互相聯合或互相征服之階段，而社會因勞動之分工及私產制之成立產出貧富階級對抗時，或更因征服關係產出主奴階級對抗時，則氏族制度解體而國家發生。蓋國家之成立，以階級之對抗爲前提；而階級之發生，又以經濟的進化爲前提。溯人類社會經濟進化之程序，最初爲穴居野處茹毛飲血之時代，其次爲狩獵時代，其次爲遊牧時代，其次爲農工商業時代。茲依此程序，說明階級發生之由來，及國家成立之經濟的前提。

在經濟生活極幼稚之時代，階級無發生之可能，國家亦無成立之可能，固無論矣，即在狩獵時代，亦然。狩獵民族，純恃狩獵爲唯一生活手段，非營共產生活，不能維持其存在。是時勞動生產力極其幼稚，既無剩餘生產物，斯無財產觀念，故氏族組織，完全合乎自由平等友愛之精神，內部階級區別決無發生之可能。即就對外戰爭言，勝者對於敗者，亦僅掠奪其所有，占領其土地而已，對於俘虜，或屠殺之，或同化之，亦無蓄爲奴隸之事實，以此時無蓄奴之資力，亦無必要故也。故狩獵民族既無貧富或主奴之區別，國家決無發生之可能，今之澳洲狩獵羣及北美印的安種族，雖有互相征服或互相聯合之事實，而不能建立國家的行政組織以部勒而統治之，即此故也。

自狩獵時代進於遊牧時代以後，畜牧成爲人類主要之勞動，牛酪獸皮羊毛等出產物逐漸增加。繼之而起者則爲園圃耕作，其次爲織機熔鑛與金屬之加工。牧畜農耕及家內手工業相繼發明，生產次第增加，而交易以生。 人類之勞動力漸有餘裕，各個人一日所分擔之勞動量遂以增高，於是發生新勞動之需要。供給此項新勞動力者厥爲戰爭，戰爭所獲之俘虜，遂成爲生產之奴隸。勞動之生產力增高，財富之分量增加，生產之範圍擴大，而奴隸制度之發生乃成爲歷史的條件。社會因第一次大分業遂分裂爲主人與奴隸，剝削者與被剝削者兩大階級。其與主奴階級區別同時而起者，則爲家族制度之革命，即父系制家族起而代替母系制家族，而樹立單一家族之男性支配是也。各家族長財產多寡之區別卽爲貧富之區別，因爲貧富階級對立與主奴階級對立，遂成爲國家成立之根據。此遊牧民族所以有成立國家之可能性也。

遊牧民族較之狩獵民族更有一顯著之變化，而成爲國家成立之條件者，則有下列三事焉。其一，遊牧民族營養力之根源爲獸肉酪漿，故能產生體力強壯之人種；其二，生活資料之供給有一定，故人口之出產率增高，種族易於蕃殖；其三，遊牧民族之武裝組織，非常鞏固，遊牧者之行列與武裝軍隊之行軍無異，其停駐之場所與戰場之野營無別、其軍紀之嚴整與戰術之演習遠在狩獵民族或農耕民族之上，遊牧民族內部既足以發生階級對立之事實。又具有具體武力爲富者強者所掌握，已儼具國家之雛形，苟更進一步而移徙於水草豐富土地肥沃之區域，或侵入於農耕民族之境內而定居焉，則國家遂以成立。古代尼羅河幼發辣底斯河笛格底河恆河黃河沿岸建立之國家，殆皆屬於此種範疇者也。

其次，漁業民族亦有成立國家之可能。漁業民族者，海上之遊牧民族也。其發達之程序，殆與陸上遊牧民族同；其內部財產之差別與階級之形成，亦與游牧民族同。陸地游牧民族以陸地爲舞台，海上漁業民族以海上爲舞台；游牧民族以馬，漁業民族以舟；游牧民族爲陸地之強盜，漁業民族爲海上之強盜，此證之世界史所記古代民族建國以前之狀態可知也。此外漁業民族較腹地淺耕民族或狩獵民族亦有顯著之差異。其一，漁業民族多團住於富有之漁業區城，人口易於蕃殖；其二，肉食之結果能產出勇敢耐勞之人種；其三，漁舟之操縱出沒，能產出嚴整之規律，並養成舟子之服從心，海賊生活之習慣，能造出海上掠奪之武力。漁業民族發展至此，苟更進一步，藉其武力以設置便利通商之殖民地，或聚衆建立都市而定居焉，即足以成立國家，古代地中海沿岸建立之國家，殆皆屬於此種範疇者也。

以上所述爲國家成立之經濟的前提．玆更據莫爾甘恩格斯二氏所述雅典羅馬日爾曼國家發生之實例，說明氏族與國家遞嬗之關係。

第一　雅典國家之發生　雅典在英雄時代，阿替喀四種族，由十二宗族三百六十氏族組織而成，四種族之聯合，已具小民族之形式，其公共事務由議會民會及軍帥處理，猶留有氏族制度之痕跡焉。迨後因海洋貿易之結果，產出財富之差別，當時氏族組織遂發生破綻，於是有變革之必要。據口碑所傳，提西歐爲阿替喀王之後，首先廢止各種族之行政與議會及地方團體，而將一切種族之行政事宜，悉委諸雅典議會處理，於雅典設置中央政府，並制定國法以統治之。同時，提西歐又將四種族之人員分爲貴族農民與工人三階級。此種分類法，不顧慮個人所屬之種族宗族或氏族，亦非以特定之氏族爲貴族而以其他氏族爲農民或工人，乃以職業縱分氏族之人員爲三階級者也。

海洋貿易及貨幣經濟增大，而土地畜羣及各種奢侈品之私產亦因而增大。土地買賣，物品抵當，金錢貸借，抵當證劵等事相繼流行，昔日由捕虜變成之奴隸，此時又益以由債務變成之奴隸。更因勞動分工之故，人民之加入職業階級及營利階級者愈多，於是氏族人員互相雜處，嚮之成爲一定之土地共同團體以營共同生活者，今則因營利而分散爲種種土地團體矣。爲支配此類新經濟關係計，不能不要求新統治機關，而國家遂應運而生。此新發生之國家，爲保護其海洋貿易及船舶，又不能不創設海軍。故梭倫以前，雅典人已劃分阿替喀四種族爲四十八區，規定每區供給軍艦一艘及武裝海兵，組織共同艦隊，担任防禦工作。此種公共權力係糾合各土地團體之武裝兵士組織而成，與昔日由血族團體組成之武裝自治組織截然不同，是爲氏族制度解體最顯著之點。其次更足以促氏族制度之解體者，厥爲紀元前五九四年梭倫之憲法改革。梭倫將雅典民會議員定爲四百人，每一種族各選百人，同時又依財產多寡將阿替喀全體國民分爲四階級，認定各階級有特別之權利與義務。降逮紀元前五〇九年，克里斯特尼出，遂完全廢除古氏族制度，劃分阿替喀全境爲百區，以每區爲自治的行政單位，得選任長官，會計，裁判官及僧侶，綜合十區設立一地方行政團體。地方行政團體，不僅爲政治的自治團體，同時又爲軍事上之團體，各須供給定額之步騎兵及五艘之軍艦，並任命司令官。如此成立之十地方行政團體，各選派議員五十名，組織雅典議會，雅典國家之政府，卽由此議會與一般公共民會組成者也。此雅典國家成立與氏族制度解體之實例也。

第二　羅馬國家之發生　古代羅馬民族，最初由三種族結合而成，每一種族分爲十苛列（卽宗族），每一苛例分爲十氏族。其氏族組織與古代阿替喀同，公共事務由各氏族長組成之元老院及民會（卽苛列會議）議決處理之。惟當時羅馬民族中已產生一種種族或家族之貴族，氏族長或元老院議員，慣例由氏族內部之同一氏族選舉而出，故某特定之家族已取得特別之權威，而所謂元老院之家族遂以產生。此種家族人員稱爲貴族，壟斷入元老院爲議員之權利及其他一切職務。

不久，眞正羅馬人之外，又產生被征服者及移住者之階級，此等階級無參與行政之權利。嗣後羅馬勢力因征服拉丁人地方及附近區域，次第擴大，而被征服之人民及移住者，均成爲羅馬之人民，惟不屬於古羅馬種族或氏族，亦不得享有特權而已。彼等爲自由人，得私有土地，有納稅當兵之義務，但不能爲官吏，不能參與苛列會議，亦不能分受國家征服得來之土地。彼等皆爲不享受公權之被支配階級，所謂平民階級是也。平民階級人數日益增加，其教育與軍事智識亦有進步，遂與老羅馬人之貴族階級相鬥爭，而平民權利乃逐漸伸張。貴族與平民階級鬥爭之結果，至紀元前五七〇年塞維斯王出，遂撤去貴族與平民之差別，廢除舊日氏族之組織，另就服軍役之全體人民，依其財產之多寡分爲六階級，更依各階級服兵役之人數編成百人隊。有十萬亞斯者爲第一階級，須出步兵八十隊，騎兵十八隊；有七萬五千亞斯者爲第二階級，須出步兵二十二隊；有五萬亞斯者爲第三階級，須出步兵二十隊；有二萬五千亞斯者爲第四階級，須出步兵二十二隊；有一萬一千亞斯者爲第五階級，須出步兵三十隊；不及一萬一千亞斯者爲第六階級，得免除納稅當兵義務，但在形式上僅出步兵一隊。同時廢除舊日苛列會議，另創建百人隊會議爲人民會議，將有財產各階級之公民，均納入此會議之中，每一百人隊有一投票權。由此更進，羅馬國家又將舊日三種族之分割法完全破壞，另分爲四個租稅區域。各區均各有政治的支配權，同時又爲軍事上之募兵區域。至是羅馬舊日氏族制度完全破壞，從新創成以土地區劃與財產差別爲基礎之國家。此時之公共權力，爲服兵役之公民所構成之軍隊，不僅用以支配奴隸，並用以支配免除當兵與納稅義務之下級人民。此羅馬國家成立與氏族制度解體之實例也。

第三　日爾曼國家之發生　日爾曼諸游牧民族，在遷徙以前卽已組成氏族。至紀元前數世紀始定居於多腦，萊因，威斯篤爾及北海諸流域。其公共事務由人民會議及各氏族之首長會議與軍帥處理之。首長最初由同一家族選舉，迨後漸成爲世襲，各氏族中遂形成一種新貴族。軍帥最初亦由選舉而出，自愷撒時代以後，各種族聯合成立，最高軍帥漸有獨裁勢力，已有所謂國王發生，舊日氏族組織乃開始崩壞。此時最高軍帥已成爲日爾曼民族之大首領，招集有掠奪能力之武士於麾下，以組織掠奪之軍隊，更依武士之能力分劃爲若干等級。此種掠奪戰爭之結果，既足以破壞舊日氏族制度之自由，又足以促成王政之出現。迨後完全征服羅馬帝國，國王之左右扈從，遂與羅馬宮廷臣僕同爲構成新貴族之要素。

日爾曼民族征服羅馬帝國以後，少數日爾曼人支配多數羅馬人，其政治組織卽保存羅馬之地方行政團體，另建一新國家以代替羅馬國家。於是日爾曼氏族之代表者遂變爲新國家之代表者，其最高代表者卽最高軍帥。最高軍帥因統治被征服地域及鎭壓被征服人民之故，遂具有最强大之權力，因此最高軍帥遂成爲國王，最高軍帥之軍權遂成爲國王之王權。至是日爾曼民族對於被征服者建立之新統治權，與氏族制度不能並存，又因兩民族互相混合之結果，團體之結合漸帶有地域之性質而喪失其血族之性質；舊日氏族，種族以及全民族之血統關係與制度，遂隨征服事業之發展與國家之成立而衰頹而消滅矣。此日爾曼國家成立與氏族制度解體之實例也。

第四節 國家之發展

國家與氏族組織不同之點有四。第一，以領土區分人民，與氏族組織之以血統區分者異；第二，設定公共權力，如軍隊警察監獄．其他强制的施設是，與氏族社會中人民之武裝的自治組織有別；第三，爲維持公共權力，不能不强制國民貢獻，而租稅及其他徭役以起，此氏族組織所無者也：第四，爲掌握公共權力及徵稅權，而官府遂成爲社會之機關立於社會之上，此亦氏族組織所無者也。

國家既代氏族組織而生，而國家秩序亦代社會秩序而起。爲維持國家秩序，斯不能不制定國家法律，藉公共權力以行之。國家法律者，卽採用社會經濟生活歷程中之一部分規律，藉國法之形式以制定者也。社會經濟生活之規律既成爲富者强制剝削弱者貧者之習慣，則由此規律制定之國法，亦適爲富者强者憑藉國家權力以保衛財產關係之不正而已耳。故國家之形式雖有不同，其爲階級的剝削的支配則一也。茲更依階級的社會進化之程序，說明國家之發展。

一　初期封建國家　初期封建國家建立於初期封建社會之上。初期封建社會分爲貴族與平民或奴隸所有者與奴隸兩大階級。後者從事生產之勞動，前者則掠奪後者之剩餘勞動以爲生，卽實行所謂奴隸制度者也。此時之經濟活動，已由畜牧經濟而逐漸移於農耕經濟，土地爲主要之生產要素。土地爲貴族階級所領有，其利用之方法，半爲放牧地，半爲農耕地，其不適於農耕或爲人力所不能利用之土地，則放棄之作爲公地而已。地廣人稀，農耕方法又屬幼稚，故僅能實行小土地私有制度。就工業方面言，概爲家內工作，技術尚屬幼稚，其生產品純爲消費物，完全受自足主義所支配。就商業方面言，則定日爲市，以有易無，已由物物交易而進於貨幣交易，惟交通機關，甚不發達，仍未能逸出部落經濟之範圍（海上民族不在此限）。是故此時之國家爲貴族階級之國家。蓋此時之民族已成爲地域的共同團體，民族中之酋長及其親貴卽爲貴族階級，一旦奠居於一定區域或征服他民族之土地而定居以後，則最高族長卽以建都之地爲國家之中心，畫野分州，封土建國，設官分職，樹立統治。此最高族長卽國王，國王分封於各地之行政長官卽爲小國之諸侯。國王總攬軍事大權，辦理最高行政事宜，設置監軍，監於萬國，以行使其統治權。諸侯奉行王命，維持其領土之安全；歲時朝覲會同，贊襄國事；戰時應王命出師參與征戰。至於一般政治上之施設，要在開荒辟草，治水導河，勸課農桑，督勵百工而已。至此時之剝削的支配，則以貢稅爲直接之收入，諸侯對於國王則僅貢獻領地名產以輔助中央財政而已。此初期封建國家之概況也。

二　高級封建國家　高級封建國家建立於高級封建社會之上。高級封建社會分爲地主與農奴及工商人民兩大階級。前者掠奪後者勞動之結果，其與初期封建社會無殊，大體上蓋實行所謂農奴制度者也。此時代之經濟組織較初期封建社會之經濟組織有顯著之差異。此時之經濟，農業占居主要地位，工商業次之。就農業方面言，此時之農業實行大土地私有制度。蓋人口增加，農業技術進步之結果，土地需要之程度愈增，而土地所有者（卽小國之君主）爲擴張土地，增加收入計，遂至互相鯨呑蠶食，產生大土地所有者，而演出大土地私有制度。就工業方面言，職業分化，行業增加，手工業非常發達，其生產品一部分爲消費財，一部分爲交換財，漸帶營利主義之色彩，然未能完全脫離自足主義之支配。就商業方面言，則有大規模之行商及市塲商業，純屬貨幣交易，惟交通機關尙未十分發達，國與國之間，此疆彼界，關卡林立，禁令繁多，貨物之運輸，商賈之往來，殊多不便，故仍未能逸出地方經濟之範圍。要而言之，此時農民則散居於農村，工商則集中於都市，都市居農村之中心，附近農民售農產物於都市以購用都市之工業品，事實上都市成爲各地方經濟之中心，都市附近之區域，儼成一種經濟單位。農村中有大地主小地主與農奴佃戶之階級對立，都市有大行東小行東與職工藝徒之階級對立。社會之發達至於此境，故每當一有勢力之階級或國民征服他階級或他國民之後，其最高峯卽成爲全國之國王，私土子民，宰割天下，分裂河山，將被征服之土地，悉以分封於親貴扈從，兼建諸候，使守其土，更於此種基礎之上，建立中央統治機關。此其政治組織與初期封建國家大致相似，惟有二三特異之點爲初期封建國家所無者。王與諸候之國境，按領地之多寡，分爲王畿與公候伯子男之等差，王與諸候之近臣皆有一定之爵祿或采邑，此其一也。爵位世襲，貴族之子恆爲貴族，士之子恆爲士，農之子恆爲農，工之子恆爲工，階級之區別甚嚴，此其二也。國家愈發達，國境愈擴大，離王畿較遠之區，爲中央權力所不及，爲鎮壓內亂防止外患計，不能不委諸候以相機處理之權，而諸候遂得有最高軍事權與最高行政權，中央集權一變爲地方分權，此其三也。是故此時之國家爲封建領主階級之國家，其對於下級人民之剝削方法，亦較前略異，卽對農民課徵租稅，對工商課徵雜稅是也。舉凡內政之措施，軍旅之設備，則以田地爲樞機，而賦稅因之。是故統治者課徵農民租稅及商賈雜稅，爲臣民負保護之責；臣民對國家納稅服役，仰賴國君之保護，此卽高級封建國家之概況也。

三　現代代議國家　現代代議國家建立於資本主義社會之上。資本主義社會分爲資本與勞動兩大階級，前者掠奪後者之剩餘勞動以爲生，蓋實行所謂工銀奴隸制度者也。

此時之經濟，工商業占居主要地位，而農業次之。人類之生產，使用動力，應用機械。資本主義於以產生；工銀制度於以成立：工場制度之大企業組織日見發達；股分公司銀行保險及交通事業日增繁盛，都會人口之集中；新經濟都市之發生；外國貿易之伸張；經濟上之自由競爭與私產制度以及契約營業繼承財產等自由原則均經確定；農奴解放與土地之歸少數個人所有均經實現。是之謂資本主義社會組織。有產階級之經濟勢力，能支配國民之經濟生活，遂憑藉勢力推倒封建政治並掃除一切舊制度，以建立現代代議國家。代議國家之原則，與封建國家無不相同。其外延雖爲統治，而其內容則仍爲剝削。惟其剝削之對象，依據國法限制於一定範圍而已。換言之，代議國家之剝削的支配，即一面擁護國民總生產物之傳統的分配方法，一面制定國法規定租稅兵役等片面的義務是也。故國家之對內政策，則以階級的利益爲目的，以共同福利爲手段；對外政策則以支配階級之利益爲前提。至於國家生活之本質，則爲支配階級與被支配階級之階級鬥爭。支配階級用盡一切手段，擁護其優越勢力，制定適宜於本階級之法律，一面掌握陸海軍及立法行政之大權，一面實行所謂商業戰爭，殖民政策，關稅政策，勞動政策，選舉政策等之階級的政策。更依國法之形式，規定多種政治的特權及經濟的有利條件，如金錢選舉制，限制集會結社制之類。其階級的剝削的支配之性質，與封建國家無殊。封建階級之支配國家也，恆視國家爲釆邑以實行其剝削；資本階級之支配國家也，恆視國家爲工場以實行其剝削。其剝削之形式雖異，其爲剝削則一也。至如被支配階級，則習見夫階級的支配與階級的剝削之現象，亦發生階級的自覺而演出階級的鬥爭。彼等勞動階級，始則感於分配之不公與工銀之過低，故知對資本階級行經濟的鬥爭，知組織勞動組合實行同盟罷工，以擁護其自身之利益，繼則感於不平等之經濟組織實受不平等之政治組織所庇護，故知對支配階級行政治的鬥爭，知組織政黨，實行大示威運動與總同盟罷工，或從事叛逆暴動，以爲奪取政治權力改革經濟組織之準備。凡此鬥爭現象，證之現代各文明國家之政治現狀可知也。是故階級對抗，發展至於資本主義社會，已達最後之階段；同時建立於階級對抗上之國家，發展至於現代代議國家，亦達於最高之程度。國家之崩壞，已兆端於此矣。

第五節　國家之消滅

由上所述，可知國家恆隨經濟的發展而異其存在之形式，無論其變化如何，而其爲階級的國家則一也。經濟生活之進化，產生階級之對立，國家即爲抑制此階級對立而生，故國家恆成爲支配階級剝削被支配階級之具，所不同者階級之組成與剝削之方法耳。初期封建國家爲奴隸所有者支配奴隸之國家，高級封建國家爲封建諸侯支配隸從者及農民之機關，近代代議國家爲資本家壓制勞動者之工具。國家發達至於成爲近代代議國家，已達最高階段，而末期將至矣。

國家由抑制階級對立之必要而生，同時又生於階級衝突之中，故凡所謂國家者，皆強有力之經濟的支配階級之國家也。強有力之經濟的支配階級，藉國家爲媒介又得成爲政治上之支配階級，以取得鎮壓剝削被治階級之新手段。所謂國家意志，實則爲掌握國家權力者之意志；國家賦與人民之權利，由強有力之階級享之；人民對於國家之義務，由下層階級負之。國家哲學者所謂全民自由之國家，所謂實現法律的道德的政治的自由之國家云云，直是痴人說夢耳。

近代社會裂成勞資兩大階級，階級衝突之劇烈，空前絕後，而統治此階級衝突之國家，亦登峯造極。對外則有強大之陸海軍備以保護資本階級之產業；對內則有森嚴之警察監獄以抑制勞動階級反抗之行爲；又有職業的政治家法學家爲執行剝削之職務，有精細之法律條例爲保障財產之護符。凡關於制御下層階級之設施，無不精密詳盡，故國家發達至於近代代議國家，可謂已達極點，不能更有進步矣。資本階級對於勞動階級之壓迫或有更甚之時，職業的政治家與政治的朋黨或有更腐敗之時，勞資兩階級之對立或有更深刻之時，而國家之進步決不能超出近代代議國家以上。代議國家可謂爲已完成之國家，殆近於消滅之境。國家隨階級之對立以俱生，亦將隨階級對立之消滅以俱死。經濟的發展達於最高限度，則階級不但無存在之必要，且亦自趨於消滅。階級消滅，則以階級爲基礎而組成之國家，亦歸於消滅無疑也。

資本主義發達至於最後時期，則一切大規模之生產手段次第社會化。無產階級終至於代替資本階級，掌握國家權力，將一切生產手段收歸國有。此時之國家爲大多數無產階級之國家，爲促成眞正全民政治之國家，爲社會主義國家，與歷史上之國家，性質大異，要不外於統治形式中實現社會主義，而剝削的支配則已歸於消滅矣。此時無產階級亦失其所以爲無產階級。階級及階級對立旣歸消滅，則國家亦失其所以爲國家。以前階級對立之社會需要國家，階級對立消滅，則國家亦歸於無用，故國家自歸於消滅。代之而起者惟有共同幸福之社會而已。

第九章　社會意識

第一節　社會意識之意義

一般社會學者恆注重社會意識之研究，以爲社會之所以成立，社會立成後之所以能維持其存在而不至於崩壞，皆社會意識之作用有以統御之，然實際則有未盡然者，茲爲分章以說明之。

在昔社會科學幼稚時代，學者對於社會意識之研究，向有兩類極相反之見解，其一認定社會意識離個人意識獨立存在，其二僅認定有個人意識而完全否認社會意識之存在。二說皆非通論也。由前之說，社會意識既完全超越個人意識而獨立，則社會意識當成爲一種神秘不可思議之實體，與個人意識之存在無關，是社會亦可以離個人而獨立矣，其非通論，不辨可知。由後之說，社會一切事變均由個人意識之活動而生，此在個人心理學之範圍未嘗不當，然各個人營社會生活之時，人對人必發生意識之活動，此等意識活動之歷程，必有互相錯綜之點而產生一種綜合的狀態，此綜合的狀態，即爲社會意識，故社會意識之存在亦不容否認也。

至於調和以上二說，認定社會意識與個人意識共同存在，並認定其間有不可分離之關係者，則近今社會學者共同之趨嚮也。此爲社會學進步之表徵，惟惜其對於社會意識之意義尚缺乏明瞭之說明耳。

近今社會學書解釋社會意識之意義者，皆曰：『一切個人間共通之意識內容而爲各個人所公認者，謂之社會意識』。此一般社會學者最普通之定義也。此種解釋，尙覺未妥，玆申言之。

社會者，各個人爲滿足經濟欲望而直接間接加入生產關係之結合也。各個人因謀取得生存資料，不能不與他人發生經濟關係，與他人發生經濟關係之時，同時不得不發生一種相應之意識活動。各種經濟關係之錯綜複合，構成社會之基礎；各種意識活動之錯綜複合，構成社會意識。個人生而不能不加入社會，則同時卽不能不服從社會意識之支配。故欲維持社會之存在，必先維持此種經濟關係之存在，社會意識苟能維持經濟關係之存在，則此社會意識必與此經濟關係相適合，始能發生維持社會之作用，始能成爲社會意識。故飢思食，寒思衣，見美女則思取爲妻，雖人人皆有同一意識，然不能構成社會意識，以其屬於心理學生理學之範圍，無維持經濟關係之作用也。故各個人間雖有共通之意識內容，雖爲各個人所公認，亦不能構成社會意識。然而有維持經濟關係之作用之社會意識，又不必皆與各個人之意識內容有共通之點也。譬如米價過高，凡購米者皆有要求米價減低之意識，而貨米者則未嘗有此意識也；工資過低，凡作工者皆有要求工資增高之意識，而僱主則未嘗有此意識也。故社會意識，卽令有維持經濟關係之作用，而於一切個人意識之中，仍不易發見其共通之點。

古代社會，無私有財產，無階級區別，人人皆治者，人人皆被治者，流行於社會之共同生活習慣卽爲社會意識，此種社會意識，一切個人皆自動的遵守之，無絲毫强制之作用存乎其間。故此時之社會意識確爲一切個人之共通意識，內容確爲各個人所公認，所謂能代表全社會人員之社會意識是也。自私有制度發生，社會裂成階級以後，已無能代表全社會人員之社會意識，所有者唯階級意識耳。農奴階級之意識與貴族階級之意識殊乏共通之點，封建社會所賴以維持於不敝者，貴族階級之意識而已。勞動階級之意識與資本階級之意識亦然，資本社會所賴以維持於不敝者，資本階級之意識而已。然吾人決不能即謂農奴與貴族勞動者與資本家兩兩之間有何種共通之意識內容也。其所以如此者，實因奴隸欲度其奴隸之生活，不能不聽命於主人；勞動者欲度其勞動者之生活，不能不聽命於資本家，此其中實含有一種强制作用，決非出於自動。遇寇刼物而與之，被刼者與寇者固無所謂共通之意識也。明乎此，則知階級的社會中所流行之社會意識決非一切個人之共通意識矣。

是故社會意識，在無階級之社會中，確爲一切個人間之共通意識，在階級的社會，則變爲冒牌之階級意識。以此意說明社會意識，則以下述定義較爲切當：

社會意識者，各個人爲謀取得生活資料不能不共同服從其支配之意識也。

第二節　社會意識之作用

社會意識所以能支配各個人之意識而有維持社會之作用者，以其有統御各個人之拘束力故也。此類拘束力自其性質而類別之，可分爲內的拘束力及外的拘束力兩種。內的拘束力，能使個人之個性潛移默化，於不知不覺之中聽命於社會意識。外的拘束力，即社會的及法律的制裁。能强制各個人犧牲其個性，不得已而聽命於社會意識。此即社會意識之作用也。

個人出生之後，即成爲社會之一分子，斯不能不受社會意識之薰陶。人之出世，自幼稚以至成年，自家庭以至學校，殆無時不浸淫於習慣與傳說之中，傳說習慣深入人心，牢不可破，此其長也，已成一定之積習而至難改變，一旦驟聞與習慣傳說相反之言語，未有不深閉固拒者。即號稱能脫去世俗見解之人，雖如何誇稱能却除舊習，及綜察其行動，實未能完全脫去舊習慣之束縛也。

又如宗教亦然。宗教之信仰能支配個人之內心，能監視個人之行爲，賞善罰惡，天堂地獄之觀念，不但能支配人心於生前，且能支配於死後。吾人少時說神說鬼，毛髮直豎，一若眞有神鬼臨於其傍者，識者訕笑之，而愚者則身信仰安若無事。此無他，社會意識之潛伏的拘束力之作用也。他如道德與論時代精神之類亦然，其所以能支配人心者，皆此種潛伏的拘束力之作用也。

社會意識之深中人心，由來者漸，蓋非一朝一夕故也。卽令有人能發見社會意識之不合理性，而憚於社會的法律的制裁之故，亦不得不仍舊遵守之而無可如何也。譬如現代社會中社會意識之內容，自表面觀之，匪不冠冕堂皇，說自由，說平等，說公平，說正義，幾乎視爲社會意識規範之中心生命，而實際則大謬不然。階級對於階級之剝削，弱者對於強者之服從，豈非現今社會意識所公認者乎？社會意識本由一切個人共通之意識內容而成，今則由少數特殊階級掌握此決定之全權，蔑視多數者之利益，助長少數者之利益，此種規範內容果何自而來乎？此無他，社會意識之外的拘束力之作用也。自社會裂成階級以後，惟有經濟上強有力階級之要求包含於社會意識之中，他階級要求概受社會意識之壓迫。卽在階級社會中，每種新社會意識之成立，恆帶有拘束另一部分社會人員之意義。此拘束之煩重，遂至壓迫弱者階級之要求。蓋社會意識新內容之成立，必先由發表的分子發表而出，當此發表之任者，卽爲社會中强有力之階級，其餘之階級惟謹守此新內容而默認爲社會全體之要求而已。雖有持異議者，則因有社會的法律的制裁以繩其後，亦相率畏懼而不敢不贊同也。故强者階級依據其經濟的欲望發表之意識，外表上似乎博得他階級之贊助，竟能構成社會意識，而具有拘束力之作用，久之遂更增蒙固，漸有壓迫各個人服從之性質。此種壓迫之性質，因時間之連續，他階級之人員，受生理的心理的惰性之作用，不知不覺之中，竟認爲一種『自然法』『道德律』而遵守之，其始之抱反感者，今則相與安之，不知其壓迫之爲壓迫也。

雖然，物極必反，苟經濟組織一旦發生變化，社會意識之作用亦有時而窮，其內容亦不能不隨而發生變化者，請俟次節詳言之。

第三節　社會意識之變遷

社會意識之變遷，繫乎經濟組織。經濟組織安定，則社會意識得以完全發揮並支配社會人心之作用；經濟組織動搖，則社會意識之內容逐漸發生變化，終至化成性質相反之新社會意識。

社會意識在一定時期內，有繼續存在之性質，成立之後，不易消滅。就實際社會觀察之，構成社會意識之內容者厥爲傳說與習慣，而傳說與習慣要不外爲經驗的社會意識而已。社會意識成立之歷程，卽就此傳說與習慣加以新要素，並依據社會事實構造而成，故無論在任何社會中，其成爲社會意識主要之內容者，常爲傳說與習慣也。蓋傳說與習慣雖隨社會事實變化，應必要而改變，而以舊社會意識拘束力較强之故，仍能强各個人以服從，各個人感於新社會事實而發生之新社會意識仍不易顯現。此時舊社會意識雖離多數個人之意識獨立存在，而多數個人所有之新社會意識，畢竟未能成立，表面上仍不能不受舊社會意識之支配。故多數個人雖懷抱與舊社會意識相反之欲望，而不能不服從舊社會意識者，以其由先天的傳襲而來也。惟此時與舊社會意識相反之欲望已瀰漫於社會，新社會意識之內容，無形中實已存在，一旦經多數人認知其有共通之點，發表而出，則舊社會意識漸失勢力，新社會意識卽時顯現。如此，新社會意識潛存於舊社會意識之內，舊者滅則新者代興。

一定之社會組織恆產生一定之社會意識，復恃此社會意識以保持自身之存在。而此社會意識在階級的社會中，恆與特殊階級之欲望相適合。故階級的社會中之社會意識，實則爲特殊階級之意識。特殊階級利用優越勢力，以自己階級意識演成社會意識，直接維持於階級有利之社會組織，間接維持本階級優越勢力之繼續存在，此考之社會歷史而可知者也。封建社會爲封建貴族與農民奴隸階級對立之社會，其社會意識卽爲封建貴族階級之意識。資本社會爲資本階級與勞動階級對立之社會，其社會意識卽爲資本階級之意識。試舉道德宗敎爲例。就道德而論。道德之本質爲犧牲，勇氣，忠誠，服從，信義，公平，平等諸端，此道德，在古代社會爲一切個人擁護種族保衛人羣之社會的本能，在文明社會中則不然。封建社會與資本社會中，此類道德變爲農民奴隸階級對貴族階級，勞動階級對資本階級之無形義務，未嘗見貴族或資本階級以此施諸農民奴隸或勞動階級也。又就宗敎而論，宗敎之本質爲信仰，此種信仰，在古代社會中爲原人不能理解自然之迷信。至封建社會中則成爲封建的制度之象徵，至資本社會中則成爲自由競爭之利器，而其反映現實生活藉以減殺下層階級反抗之心理則一也。

社會意識旣適應於經濟組織而成立，亦必隨經濟組織而變革。今之資本主義經濟組織已能使大多數無產階級於生產方面取得重要之地位，無產階級逐漸感知資本階級社會意識之不合理性，而另成一種階級意識內容矣，一旦由無產階級發表而出，其必顯現而爲新社會意識無疑也。

第四節　社會意識之完成

由上所述觀之，社會意識，在古代無產階級社會中，原爲共同生活之習慣，確與一切個人之目的相適合，在階級的社會中則變爲階級意識，僅與特殊階級之目的相適合。前者謂之完全的社會意識，後者謂之畸形的社會意識。社會之進化必有達到無階級社會之一日，則社會意識亦必有達到適合一切個人之目的之一日也。

特殊階級爲維持有利之社會組織繼續存在，一面於傳統的精神之上保持其階級的優越勢力，同時又於經濟上保持其寄生生活之安定。寄生生活可能，則特殊階級之地位安定，此經濟上之安定破裂，則階級之安定亦隨而破裂。社會變遷之歷史，即由此特殊階級經濟上寄生生活不可能之事實出發。近代資本階級推倒封建階級而演成之民主革命，由經濟上觀察之，實卽封建階級經濟剝削手段發生破綻之故。所謂自由平等博愛之原理，卽爲產業發展之象徵。近代資本社會之事實亦然。資本階級用自由放任政策謀本階級產業之發展，同時利用資本主義化之社會意識支配社會之人心，以圖本階級寄生生活之安定。然資本主義完成之後，資本階級寄生生活亦達到山窮水盡之境，而資本主義化之社會意識，亦漸失其支配社會之作用，而潛伏一種新社會意識於其中。無產階級感於生活之壓迫，發生階級的自覺，因而產生階級的意識。資本階級之社會意識反社會之趨嚮增大，而無產者階級意識社會化之趨嚮亦因而增大，潮流所激，資本階級雖然欲藉政治權力以維持有利之社會意識，而新社會意識非取而代之不止也。

資本階級之社會意識即爲資本主義，無產階級之社會意識即爲社會主義。資本主義愈成熟，資本階級之人員愈見減少，無產階級之人員愈見增多。最大多數之無產階級終必至推倒最少數之資本階級，建設社會主義之經濟組織，同時成立社會意識，而階級亦化歸烏有。階級消滅，則社會意識必與一切個人之欲求一致矣，是謂社會意識之完成。

第十章　社會之變革

第一節　社會變革之概念

革命爲進化之母，社會無革命，則社會無進化，此歷史之公例也，人類社會無日不在革命中，若就歷史舉其最顯著者而言，可分爲四大階段焉。概自古代公有土地制度崩壞以來，古代無階級之社會一變而爲有階級之社會，所謂自由民與奴隸，貴族與平民之階級社會是也。自由民或貴族之階級，利用其經濟上之優越勢力，掌握政治上之權勢，樹立奴隸經濟，以剝削奴隸或平民之階級，而初期封建社會以成，此社會第一次大革命也。初期封建社會小土地私有制度崩壞以後，而大土地私有制度成立，大地主貴族之封建階級，利用其經濟上之優越勢力，取得政治上之權勢，樹立農奴經濟，以剝削工商農奴之階級，而高級封建社會以成，此社會第二次大革命也。農奴解放，新式大規模工商業發達以後，新興資本階級利用其經濟上之優越勢力，推翻封建階級，掌握政治上之權勢，樹立工銀奴隸經濟，以剝削工農無產階級，而資本主義社會以成，此社會第三次大革命也。資本主義發展過度之結果，社會裂成有產及無產兩大階級，形成最後之階級對抗，無產階級利用其生產上之優越勢力，企圖推翻有產階級，樹立社會主義經濟，以期實現無產階級之社會，此社會第四次大革命也。過此以往，社會之革命或將繼續演進，吾人固無庸推論，而歷史所以詔示吾人者，社會之革命蓋如此其進行不已也，是亦社會進化所必經之途徑歟！

社會革命者何，即社會全體超升一進化階級之謂，換言之，即社會由舊而且低之生產關係進至新而較高之生產關係，並變更其上層建築之全部是也。故社會革命，可分爲經濟革命及政治革命兩方面觀察之。經濟革命即社會基礎之變革，政治革命即社會上層建築之變革。經濟革命之實現也以漸而進，非一朝一夕所能蔵事；政治革命之實現也可一蹴而幾，固無須長久之年月也。惟經濟革命與政治革命，必相須並進，而後社會革命始能完成。爲企圖社會革命而實行之政治革命，必在經濟革命開始時始能有成；而經濟革命進行時，又必有待於政治革命始能實現。故政治革命爲社會革命之前提，又爲社會革命必經之途徑，經濟上被壓迫之階級苟不取得政權以改造經濟組織，社會革命必無由實現也。

雖然，茲所謂政治革命，固爲被治階級顚覆治者階級而奪取其政權之意，然其性質與普通意義之政治革命不同。蓋一切革命能使舊社會完全解體者，謂之社會革命；一切革命僅在於顚覆舊權力者，謂之政治革命。故政治革命，僅爲一種歷史事變之特徵，有能誘致社會革命者，有不然者。若夫爲企圖社會革命而實行之政治革命，則其目的在完成社會革命，與經濟革命同爲構成社會革命之一部，即謂爲一種社會革命，未嘗不當，此不可不察也。

此種政治革命之實現也，有緩進與急進，平和與激烈之別。就近代社會革命之性質言，可分爲資本主義社會革命及社會主義社會革命兩大類。前者爲實現資本主義而行之社會革命，由資本階級主動；後者爲實現社會主義而行之社會革命，由無產階級主動。若英國自有一六八八年之政治革命及一八三二年之穀物條例解禁，有產階級始得逐漸憑藉議會政治以掌握政治權力，徐圖完成其經濟革命，此資本主義社會革命之緩進而平和者也。若法國自一七八九年大革命以後，幾經殺人流血之戰亂，有產階級始能確定代議政治，藉政治權力以完成其經濟革命，此資本主義社會革命之急進而激烈者也。又如俄羅斯一九一七年十一月大革命以後，無產階級飽經戰鬥之苦，卒能樹立勞農政治，藉政治權力以徐圖完成其經濟革命，此社會主義社會革命之急進而激烈者也。此後或將有以和平而緩進之手段，以完成社會主義社會革命者乎，固非吾人所能確說也。要而言之，社會革命實現之遲早，純係關於戰術之問題，由種種條件而定，如國際地位之優劣，主動者作戰精神之勇怯，階級鬥爭之關係，均爲決定此種革命之關鍵，而尤視經濟上特殊階級之勢力如何以爲判。有必流血而成功者，有可不血刃而成功者，未可一概而論也。

第二節　社會變革之觀察

社會之所以變革，由於社會組織阻礙生產力發達。方生產力發展至於一定程度時，遂與從來所藉以活動之現存生產關係，或僅表現於法律上之財產關係發生衝突。此等生產關係或財產關係，嚮之助長生產力發達者，今則轉變而阻礙生產力之發達矣，於是社會革命之時代以至。故社會之變革，僅能由當時社會之物質的變革加以判斷，而不能以當時之社會意識判斷之。其物質的變革苟經吾人以自然科學的方法確實證明其足以撼動社會之基礎，即可斷定當時社會已達於革命時代。至於當時之社會意識，實隨此種物質的變革而變遷。一種新物質的變革發生，即產出一種新意識，物質的變革為因，意識為果，吾人不能以當時之社會意識判斷當時之社會變革，猶之不能以果證因也

法蘭西大革命，固吾人所視為具有資本主義社會革命之性質者也。然則此種大革命果如何觀察而判斷乎？據當時之社會意識觀察之，法蘭西大革命似乎政府紊亂行政，橫徵暴斂之所致也，又似乎一般人民渴望自由平等之熱烈情感所致也。此種判斷 乃一般歷史學家所公認者也。信如斯言，則法蘭西大革命當不至有爆發之可能。何也，彼路易十六世固曾定有計畫而希望整理行政節約政費者矣，固曾允許平民參政者矣，革命階級企圖革命之目的苟如此，則其目的固不難因國王之覺悟而成就也，而必欲完全改革一切社會制度者，此無他，法蘭西國民之社會狀態已有變動故也。國王紊亂行政橫徵暴斂之劣跡，不過為革命爆發之口實；人民渴望自由平等之要求，不過為物質的變革之反應而已。

法蘭西大革命係一種資本主義社會革命，其主動者為資本階級，其原因則由於封建

社會組織阻礙新生產力之發達。此不僅法國爲然也，卽其他資本主義國家亦莫不然，茲特略述其大概於下。

歐洲中世紀之農奴中，曾發生一種都市特許市民，此卽今日資本階級最初之種子也。迨後美洲之發見，好望角之周航，爲資本階級增添許多發展地。東印度與中華之市場，美洲之殖民，殖民地之貿易，交換機關與物品之增多，均能使當時商業航海業，受一種空前之刺戟，而革命種子遂急速發展於頹廢的封建社會之中焉。

在封建時代工業組織之下，生產事業由同業公會所操縱，至此已不能應付市場之需要，而手工工場組織乃取而代之。各業行東爲工場製造家階級所推倒，而各行業組合間之分工，亦一變而爲各工場間之分工矣。

自此以後，市場日益擴大，需要日益增加，而手工工場組織，亦有不能應付之勢，於是有蒸汽機關及大機器出而演成一場生產事業之大革命。從此大規模之近代產業，遂占取手工工業之地位，而豪富之實業家，產業軍之領袖，近代之資本階級，遂征服產業界之中等階級而上達矣。

近代產業，建設世界的大市場。自有此種大市場，而商業航業，陸路交通因而日增發達，又轉而促進產業之發展。產業商業航業鐵路等既日見發達，而資本階級亦隨而發達，其資本亦愈益增殖，遂將中世紀傳來之一切階級，盡行推倒。

因此可知造成資本階級之近代生產及交換機關，實孕育於封建社會之中。此種生產及交換機關發展至於一定程度，則封建社會之生產及交換關係，換言之，即農業與手工業之封建組織，或封建的財產關係，遂不能與當時已經發展之新生產力相適合。此種封建社會組織，於是變成妨碍新生產力發達之桎梏，社會基礎已呈崩圯之象，而資本階級社會革命以起。

資本階級發達一步，而其政治上之權力亦隨而發達一步。當封建時代貴族專政之時，彼等爲被壓迫之階級；在中世紀自由都市之中，彼等乃成爲武裝自治團體；至手工業時代，彼等被半封建或專制之君主所利用以爲抵抗貴族之器具，爲大王國統一之柱石；最後近代產業與世界市場告成，彼等遂成爲資本階級，利用經濟上優越勢力，以革命之手段，樹立代議政治，掌握國家權力，確立資本主義之經濟組織。於是封建國家亡而立憲國家以興，封建社會崩而資本社會以生。此資本主義社會革命之由來也。

如前節所述，資本主義社會革命，實由於封建社會組織阻礙新生產力之發達而起，故資本階級企圖政治革命，掌握國家權力，促進經濟革命，以完成社會革命，確立資本主義之社會組織。雖然，資本主義社會組織確立不過百年，復自陷於崩壞之命運，而生產力與社會組織之衝突又再演於今日矣。玆詳述其趨勢於下。

第三節　資本社會之崩壞

封建時代，生產手段爲勞動者所私有，農村中農民所經營之農業，都市中職工所經營之工業，其規模均異常狹小。其所使用之勞動手段，或爲土地，或爲農具，或爲工作場，或爲手工器具，僅能供給各個人使用，且常屬生產者私人所有。自近代產業資本家出，始收集此等分散而有限之勞動手段而擴大之，增加其生產之可能性，使成爲現代之生產機關。以前分散之生產手段，今則變爲社會的生產手段；以前分散之工作場，今則變爲數百數千人共同操作之工廠；以前之個別的生產，今則變爲社會的生產；以前之個人的生產物，今則變爲社會的生產物。試一觀今日工廠之出品，無論其爲紡織品或金屬品，無一不爲多數勞動者之共同生產品，一生產物之製造，必次第經歷多人之手始底於成，無論誰人，決不能認定某產品爲甲所造，某產品爲乙所造也。

以前所行之社會的分工，無一定之計劃，而現今工廠所行之勞動的分工，則有一定之計劃。兩兩相較，有計劃者自比無計劃者爲優；兩者之製品，前者亦比後者成本低廉。故社會的生產者與個別的生產者競爭時，前者占優勝，後者自歸劣敗。於是社會的生產方法遂成爲助長商品生產之手段，逐漸侵奪單獨生產之範圍，終至於變更舊社會生產方法之全部，所謂產業革命遂於此演成矣。

手工業時代，勞動生產物歸生產者所有，並無問題。手工業者利用自身所生產之原料，以自身之勞動或家族之勞動，使用其所有之勞動手段，從事生產，率以爲常。其生產物爲彼自身勞動之結果，當然屬彼所有。卽令在生產時須借助於他人之勞力，或雇職工，或招藝徒，亦必支出相當之報酬。且此等被雇用之職工或藝徒，亦係暫時仰賴此報酬以謀生，他日仍得自立營業，而取得店東之資格，無終身隸屬他人之事。迨生產手段集中於大規模之工廠以後，生產手段在事實上已化爲社會的生產手段，而所有關係依然如故。以前個人的勞動手段及生產物歸個人所有，而今則社會的勞動手段及生產物亦歸占有此勞動手段之個人所有。換言之，實際上使用勞動手段之人所生產之生產物不能據爲己有，反歸占有勞動手段之人所有。生產手段及生產物既經社會化，而生產物之私有仍與以前之私人生產時同，而歸占有此生產手段者所占有，是爲社會的生產方法與財產關係之衝突。

手工業時代，亦曾有工錢勞動之形態，然係暫時性質，謂之例外亦可。農民傭工而食，雖屬常事，然未嘗無尺寸土地藉以爲謀生之具。職工雖常恃賣力爲生，然亦有升爲店東之機會。自生產手段集中於資本家之手，則孤立之個人的生產手段或生產物失其價值，向日從事分散之手工業者，不能不廢業而售其勞力於資本家以謀生活。於是工錢勞動制度成立，嚮之視爲例外者，今則習爲固常；嚮之視爲副業者，今則成爲主業；嚮之偶然從事工錢勞動之人，今則終身成爲工錢勞動者矣。生活艱難，傭工謀生者日衆，社會遂判爲占有勞動手段者與一無所有者之兩大階級，而社會的生產方法與財產關係之衝突，遂形成有產階級與無產階級之對立。

新生產方法發生以後，社會成爲以商品生產爲基礎之社會，社會中各個生產者卽喪失支配社會關係之能力。各個人用其所有之生產手段，從事商品之生產，以滿足其特別之交換慾望。而彼等所生產之貨物，所供給之商品，果能暢銷與否，果能適合現實之需要與否，概在不可知之數。在昔經濟自給時代，專以交換爲目的之生產，乃屬偶然之事，故需要供給，互相調劑，適可而止。今則生產者專以製造商品爲能事，暢銷與否，在所不計。甲如是乙亦如是，丙如是丁復如是，各逞其自由競爭之本能，互不相下，時則求過於供，時則供過於求，均無調劑之望，以致生產界日趨混亂，釀成經濟上之無政府狀態。社會至是頓成不安之象，生產界與勞動市場，遂成爲手工業與新工業之經濟戰場。迨後新大陸發見，繼之而起者則爲殖民地之經營，商品銷路，驟然推廣，更促速新工業之發展，而手工業遂完全零落。以前地方的生產者間之經濟戰爭，遂擴大而爲十七十八世紀之國際的商業戰爭。大工業及世界市場建立以後，此種經濟戰爭愈益普及，愈益擴大，愈益激烈。經濟戰爭之結果，甲資本家勝則乙資本家敗，甲國資本家勝則乙國資本家敗，而決定此勝敗之關鍵，實爲此等自然的或人爲的生產條件。勝者繼續發展，敗者永遠退化，達爾文生存競爭之原理，直可由自然界而移用於人類社會矣。於是社會的生產方法與財產關係之衝突，遂成爲有組織的生產方法與生產界無政府狀態之衝突。

生產界社會的無政府狀態，能使大多數人類變成無產者，而此大多數無產者最後亦能廢除此生產界之無政府狀態。故資本社會之生產方法，其發達之途徑有如螺旋狀。巡迴進行，至終點則止。蓋生產界之經濟戰爭，驅使生產者力謀機械之完成，機械完成，勞動力歸於無用。機器愈精巧，剩餘勞動者愈多。剩餘勞動者愈多，則工錢愈低，而機械遂成爲資本階級壓抑勞動階級之武器。機械能奪取勞動者生活之資源，生產物亦成爲奴使勞動者之工具。機械之發明，一方面能節省勞力，減縮勞動時間，他方面又使勞動者家族之一切勞動時間，悉供資本家增殖資本之用。勞動過剩，工人失業。國內多失業之工人，則國內人民之購買力減少，而大工業發達之結果，幾無日不遍尋全世界以追求消費者，今乃使國內大多數人民，逐漸限制其消費之能力，是無異破壞其國內之市場。財富恆集中於少數人，貧困恆集中於多數人。富者愈富，貧者愈貧。富者窮極奢侈，濫耗社會之生產力，貧者身無長物，欲維持最低之生活亦不可得。生產力與財產關係之衝突，遂演出貧富懸絕之現象。

自由競爭之結果，資本階級被迫而力圖機械之改良，精益求精，密益求密。機械愈改良則生產力愈膨脹；生產力愈膨脹，則生產物愈豐富；生產物愈豐富，則市場愈不能不求其擴大。然市場之擴大有限，而出產之分量無窮，終至市場之膨脹遠不及生產力之膨脹，於是生產品之銷納，發生一大障碍，而生產過剩之現象以成。

財富愈集中於少數人，資本家愈謀繼續出其所得之利益以力圖資本之增殖。資本增殖云者，即以其所得之財貨悉化爲資本之意。故欲謀資本之增殖，必須出其歸資本所得之利潤，充購入生產手段之用使化爲資本；而購入生產手段之目的則在於生產享樂財而販賣之，以圖取得大宗之利潤。然貧富懸絕過甚，大多數人購買之能力既然日見減少，而一般消費之需要勢必大受限制。是故資本之增殖常蒙多大之阻力，生產過剩之結果，又演出按期襲來之經濟恐慌。

經濟恐慌發生，一方則生產中止，工廠停工，工人解雇，大多數工人因失業而失其生活之根據，社會頓呈紛亂之象；他方則小資本家因受金融窘迫，紛紛破產，小資本被大資本所吞併，小掠奪者被大掠奪者所掠奪。同時各國資本階級各爲銷納剩餘商品計，不能不鋭求爭奪海外殖民地以擴張銷路，因此國際間資本階級惹起益利之衝突，各利用國民的後盾，鼓動爭奪市場之世界戰爭，生產力與生產關係之衝突，又演成帝國主義列強世界戰爭之慘禍。

由以上所述觀之，可知現代資本社會中，日增進步之生產力，已爲現代生產關係阻碍而不能充分發展。現代生產關係苟不改造，則社會進步停滯，非舉全世界最大多數人悉陷於奴隸境遇而不止。夫生產力猶電氣力也，暴風烈雨中之電氣力則有破壞之性質，發電機中之電氣力則有無窮之妙用。生產力猶火力也，大火災中之火力則於人爲有害，蒸汽鍋下之火力則於人爲有利。故生產力置之資本社會之生產關係中則受阻碍而不克發展，遂化爲食人之惡魔；若置之合理之生產關係中，則遂其暢發之性，卽成爲順從人類之忠僕。然則改變生產關係以發展生產力，實社會進化所必經之程序，亦卽現代社會革命之所由來也。

第四節　社會之變革與階級

生產力之發達爲撼動生產關係之根本條件。同時階級鬥爭又爲變革社會之動力，自古代社會土地共有制度崩壞以來，一切過去社會之經濟的構造，悉建築於階級對立之上。階級云者，卽經濟上利害相反之經濟的階級之謂，如握有土地或資本等生產手段者與一無所有者，如經濟上壓迫他人掠奪他人者與被他人所壓迫所掠奪者是也。階級對立之形式雖因時代而有不同，而社會之經濟的構造建築於階級對立之上則一而已矣。

社會組織隨生產力變動。而一切社會組織，概由其社會中之各個人相依相集而構成之，維持之，故社會組織雖隨生產力變動，然欲謀社會組織之改造，則非假手於現社會內之多數人不可。故一定之社會組織變革時，必有一羣之主動者担當改革之事業，從事一定之運動；而此運動之中心勢力，又必爲現社會組織下處於不利益地位之階級。現社會組織下處於不利益地位之階級，其主張改造社會也，乃人情之所當然。然同時現社會組織下處於優良地位之階級，除少數有志者外，其反對改造現社會也，亦人情之所當然。於是乎社會組織之改造，不能不藉階級鬥爭之形式以行之。此人類無對立斯無進步一語，所以成爲支配過去文明社會之法則，而現存之生產力亦卽所以藉階級對立之基礎發遂而來也。

階級之發生約有二期。第一，一羣之多數人，對於他階級雖可謂爲能成一階級，而其自身尙未成爲一階級，此時之狀態謂之第一期。其次，其自身已成爲一階級時之狀態，謂之第二期。玆所謂『其自身已成爲一階級』云者，卽凡屬其階級之人皆有階級的自覺之謂。『階級的自覺』云者，卽凡屬一階級之人皆覺其自身所處地位與他階級利害不相容，認定階級鬥爭無可避免之謂。第一期之階級鬥爭僅爲經濟的鬥爭，卽在於爭奪經濟上之利益；第二期之階級鬥爭，則爲政治的鬥爭，卽在於爭奪政治上之權力。生產力與社會組織之關係分爲二期，卽兩者互相調和時之狀態謂爲第一期，兩者互相衝突時之狀態謂爲第二期。玆所謂階級鬥爭之二期，適與上述兩期相對照。生產力與社會組織互相調和時，則階級鬥爭僅爲經濟的鬥爭，生產力與社會組織互相衝突時，則階級鬥爭化爲政治的鬥爭。

階級對立之根本原因在私有財產，卽因一方之社會團體壟斷生產手段以奪取他社會團體之剩餘勞動故也。人類之勞動可分爲二部：其一，維持自身生活所必需之部分之勞動，謂之必需勞動；其二，超過必需勞動部分以上之勞動，謂之剩餘勞動。原始時代，經濟上之技術幼稚，人類之勞動實無餘裕，一部分人決不能不勞而仰給於他部分人勞力之結果。社會無剩餘勞動故無階級之別。迨後經濟發達，人類之勞動漸有餘裕，一人之勞作能生產數人或數十人之生活必需品，因而人類勞動分成必需勞動與剩餘勞動兩部，且屬於剩餘勞動之部分亦隨而次第增加。於是一部分人之剩餘勞動被他一部分人所掠奪，掠奪者與被掠奪者之間發生利害衝突，社會遂化爲階級的社會矣。

然而由階級之存在而產生之利害衝突，何以在第一期僅爲經濟的鬥爭，在第二期則成爲政治的鬥爭？此其故蓋因社會組織之改造，恆予權力階級以不利，如欲恃道德宗敎之宣傳以變更此等權力階級之思想與感情，使彼等自動以改造社會，猶緣木以求魚，殆屬不可能之事。故被壓迫之階級因痛切感知現社會之組織於自身不利，惟有從事政治運動，庶幾可由自身掌握國家權力，實行經濟之改造。故階級的自覺一旦發生，則階級間經濟利害之衝突，更進而喚起政治上之爭鬥。

在階級鬥爭之第一期，最初各個勞動者單獨反抗資本家，其次一工場內之勞動者共同反抗資本家，其次同一處所同一職業之勞動者聯合反抗資本家。彼等之目標，最初攻擊有產者之生產方法，其次攻擊有產者之生產器具，毀壞已成之貨物，排斥外來之商品，或則聚衆毀機械，或則縱火焚工場，務求恢復舊日手工工人之地位。

此時勞動者雖知團結，然係出於受動而非自動。有產階級欲謀爭奪政治權力，恆假『全民』名義，利用工人爲後援以攻擊自身之政敵，勞動階級常被利用以參與有產階級之政治運動，故不知不覺中常爲彼等敵人效力以攻擊敵人之敵人，此時所得之勝利，當爲有產階級之勝利。

至於此時勞動者反抗資本家之用意，唯在於增加工錢，改良待遇，減少工時而已，固無遠大之目的也。

在階級鬥爭之第二期，產業愈發達，無產者之數愈多。機械次第發明，次第改良，勞動之差別消失，工錢之標準愈低，因而無產者之利害及其生活狀態，降至同一之低水平綫。有產階級之自由競爭愈激烈，按期襲來之經濟恐慌愈重大，勞動者之生活愈不安全，於是各個勞動者與各個資本家之衝突，遂成爲一團勞動者與一團資本家之衝突。勞動者爲謀維持生活之安全，始知組織勞動組合，準備爲臨時之反抗，遂以創出永久之共同團體。至是各地勞動者隨處發生暴動，如響斯應，而亂象環生矣。

鬥爭之結果，勞動者有時獲得勝利，而其勝利，仍係暫時性質，不能持久。惟彼等鬥爭之目的，並非暫時之勝利，乃爲勞動者之大同團結。一地方之勞動團體與他地方之勞動團體共同團結，一職業之勞動團體與他職業之勞動團體共同團結，因而各地方的爭鬥，各職業的爭鬥，遂聯絡而成爲國民的爭鬥，擴大而成爲階級的爭鬥。階級的政治的鬥爭之極致，社會非至於根本改造不止也。

第五節　文物制度之革新

社會之變革，略如上述。然社會組織一旦變革，則社會中各個人之心理狀態，亦隨而發生變化。新社會精神文化之表現形式，亦與舊社會大不相同。

就過去歷史而論，社會恆分爲經濟利害相反之若干階級，而流行於當時社會之思想，不僅爲該社會經濟條件之產物，更進一步觀察之，此等流行思想，實與當時經濟上占優良地位階級之需要，慾望，與野心適合。蓋在以前之階級社會中，社會之生產手段，恆爲特殊階級所壟斷，特殊階級既有支配社會生產手段之實力，即能左右社會之生產及分配狀態，久之成爲慣性，故彼輩能支配社會之人心使適應於彼輩之利益，遂至於能束縛統一一切人之思想與感情。社會思想呈此種狀態之時代，適與一定社會組織之第一期狀態相當，又與階級成立之第一期狀態相當。

社會經濟進步，則社會組織進至第二期，階級之發達亦進至第二期。至是則精神上被壓服之階級，發生階級的自覺，因而代表本階級利益之思想，亦隨而次第流行於社會。

新思想發生之始，特權階級恆視爲洪水猛獸而多方壓抑之，非戮其人火其書而不止。惟思想爲社會生活之反映，既產生新形式之社會生活，斯發生反映此社會生活之新思想，如響之應聲，如影之隨形，固非刀劍鎗彈所得而撲滅者。故一種新思想發生，每經一度壓迫，即增一分勢力。每經一次摧殘，即增一分信仰。新思想代表新階級，舊思想代表舊階級。新思想之衝突，即爲階級鬥爭之寫照。階級鬥爭愈烈，則思想衝突亦愈烈。新思想發達之程序與新階級發達之程序完全一致，新階級戰勝舊階級之日，即新思想戰勝舊思想之日也。

新階級戰勝舊階級之後，則新階級奪得政治權力，必根據其新思想，確立新政治法制以改造經濟組織；同時另創新意識形態以變更舊社會上層建築之全部。故新經濟組織與舊經濟組織兩相比較，而其性質根本變異時，則新社會之思想完全一新，遂以產生新政治制度，新宗教信仰，新道德觀念，新藝術趣味，新哲學體系，於是社會乃完全超出低級狀態進於高級狀態，此社會進化必經之歷程也

第六節　社會變革之要件

一　物質的條件之具備，如前章所述，舊社會組織與新社會組織之遞嬗，恍如移竹接木，互相連續者然，但實際則反是。一種社會組織，非至一切生產力在其組織內絕無發展餘地以後，決不顛覆；而新而較高之生產關係，當其物質的存在條件未於舊社會胎內孕成以前，亦不實現。生產力在社會組織內發展之次第，正與雛鷄在卵殼內孕育之次第同。雛鷄孕育至於一定時期，其外殼固足以成爲障碍物，苟其尙有餘地可以發展時，則其外殼必不至於衝破。一旦雛鷄孕成，破殼而出，卵化爲雛，其形狀前後不同，驟視

之似乎大生變化，而不知此新而較高之生物（雛鷄）所以存在之物質條件，已成熟於舊社會母胎卵殼之內也。

社會之變革亦猶是也。雛鷄於卵殼內苟未孕育至相當程度，卵殼不能成爲障碍物，則破殼一事，必不至成爲問題。若其成育至於相當程度，卵殼成爲障碍物，則卵殼如何衝破，遂至成爲問題。當是時也，雛鷄卽破殼而出，亦能保持獨立之存在。社會組織與生產力發展之程度相適應，生產力發展則社會組織亦隨而變動。然而生產力在舊社會組織內，若未發展至於一定程度以上，則舊社會組織決不滅亡，新社會組織決不實現。例如共產主義經濟組織以充分發展生產力爲前提。苟一定社會之生產力若果能充分發展而超過吾人之想像以上，則社會組織自然進於共產主義，苟其生產力之發展未臻此境，則人類無論如何提倡共產主義，而共產主義決不實現。由此觀之，可知能使社會組織發生變動者實生產力發展之物質的技術的原因，非人類之意志所能左右也。

假如一定社會組織內之生產力尙有發展之餘地，而人類必欲以一己意志企圖顚覆，則生產力不但不能增進，反有衰滅之虞。蓋生產力之繼續發展爲社會進步之主要條件，苟時機未至，遽欲謀社會組織之改造，適足以促該社會之退步。譬之現代資本主義社會組織，弊害固多，但生產力在其組織內如有發展之餘地，則吾人無論如何努力欲企圖顛覆資本主義，亦終於無成效而止。至於資本主義社會內生產力發展之極限若何，此則非吾人之智識所能精確豫斷，但就過去社會觀察之結果，社會變革之遲早，恆視該時期內生產力之消長如何以爲斷，苟生產力尙能繼續發展，即爲該社會尙能維持之明證；苟其生產力久在停滯之狀態，即爲該社會已無進步之明證。惟就今日而論，今日之資本社會果達於已無進步之境與否，甚難言也。一八四八年馬克思等之發表共產黨宣言也，一八七一年巴黎共產團之爆發也，皆以爲社會革命之時機已至，而不知資本主義之尙能延長壽命於今日也。

故物質條件苟不具備，遽欲企圖社會之變革，即幸而不至於失敗，而其結果亦僅能成就政治革命而止耳。被治階級縱能一舉而奪取政權，取舊支配者而代之，而於社會之經濟組織，終不能完全改造。何則？物質條件不具備，經濟組織非權力者之意志所能一蹴而幾也。海德曼有云：奴隸制度之廢除也，苟其物質的條件尙未具備，則廢除奴隸制度之一切運動，終歸無效，卽令成功，亦不過顚倒奴隸與主人之地位而止，而奴隸制度之存在如故也。故社會革命之條件，苟不具備，遽欲企圖社會革命，亦終歸於失敗，而社會之經濟構造必無顯著之變化。英人梅利勃爾於其所著殖民政策講議中，曾列舉殖民地奴隸解放與生產力消長之實例，分英領奴隸殖民地爲上中下三類說明之。在第一類殖民地，人口極密，農業發達，資本蓄積，曠土絕少。人口及生產之發達殆居於靜止的狀態，故奴隸解放之後，勞動之供給充裕，生產力繼續發展，不受絲毫影響。在第二類殖民地，土地之豐沃者，均經耕種，地力有枯竭之虞，惟曠土甚多，力耕者謀生尙易，故奴隸解放之後，生產力頗見衰減，蓋被解放之奴隸，尙能度其懶惰之生活，甚難強其從事傭僱勞動也。在第三類殖民地，肥沃無主之土地頗多，自然產物甚豐，故在奴隸解放之後，生產力大見衰減，蓋被解放之奴隸容易獲得生活資料，無人願努力從事生產事業也。

工錢勞動制度，卽資本社會之奴隸制度也。工業後進國之無產階級，欲圖社會革命，以廢除工錢勞働制度，卽幸而成功，亦僅至政治革命而止，無產階級雖能代資本階級起而執政，而其所施行之經濟政策，仍不能超出資本主義之範圍。所不同者，資本略受限制，勞動者之生活可得保證，較勝於資本階級國家中勞動者受資本家過度剝削而已。苟時機未至，而遂欲强制的實行共產主義，則生產力必驟見衰減。社會革命本在於促進生產力之發展，今乃促使生產力衰減，行見社會亦歸於退化也。何也，物質條件未備，生產力在舊社會內尚有充分發達之餘地也。

二 個人之努力 或曰：『一種社會組織，非至一切生產力在其組織內絕無發展餘地以後決不顛覆；而新而較高之生產關係，當其物質的存在條件未於舊社會母胎內孕成以前，亦不實現，信斯言也，則社會之變革，繫於經濟的條件，其變革也純出於機械的作用，完全受經濟的定命論所支配，非各個人意志所能左右，各個人宜若可以拱手無爲，坐待社會之自然變化，今之人汲汲焉從事社會改革運動者，豈非多事？』曰：是不然！社會組織之歷史，個人努力之結果也。

社會由有意識之各個人相集相合組織而成，社會組織之變革，一方受物質的條件所拘束，一方又必待各個人有意識的行動始能實現，故物質的條件與個人之努力二者皆社會變革之要件也。

社會變革之必要條件，固不僅個人有意識有目的之活動已也。階級鬥爭，因生產力與社會組織之衝突演化而成；社會之進化，須經歷階級鬥爭始能實現，故個人對改造社會之努力，即係構成此衝突之因子，實於社會之變革有絕對之必要。

世之主觀論者恆重視個人在歷史上之活動，以爲歷史純由個人創造而成，遂輕視社會發達之歷史的法則；反對論者又重視社會發達之進化的歷程，以爲社會之進化純係自然進化，遂忽視歷史由個人創造之實事；二者皆一偏之論也。

個人能創造社會之歷史，然不能任意創造之，必也依據歷史進行之途徑，應時勢之要求而創造之。故個人而欲創造其自身之歷史也，第一必在確實之前提與條件之下：第二其結果又常由多數個人意志之衝突而生。

特種個人根據其性質之特徵之活動，能影響歷史之進行，且有時能使此影響特別增大。但此種影響增大之可能性，恆受社會組織所拘束，恆受多數社會力所限制。個人之性質所以能成爲社會發達之一要素者，非個人之特殊天才使然，實社會關係有以玉成之也。個人所處之地，所處之時，苟皆與社會關係相宜，則其在相當範圍內之努力，必足以促社會之發展。個人努力對於歷史進行之影響，其大小如何，固視個人能力之大小以爲斷，然在一定時期內各個人所負之使命，仍受社會組織所限制也。

偉人之所以成其偉大者，非因彼所秉賦之個人的特徵能於歷史上大放異彩也，實因彼所有之特徵最能適切於當代社會的大要求故也。是故偉人者實一切創始者之別名。偉人之所以異於常人者，以能知其大；能見其遠；能解決前代社會所提供於當代之科學的問題；能發見由前代社會關係之發達所造出之社會的要求；能更進而鼓其特殊之智力精神，率先擔當解決此問題滿足此要求之大任耳。故曰偉人者，創始者之別名也。

時勢能造英雄，英雄亦能造時勢，然時勢所能造之英雄，實乃時代之產兒，猶社會進化途中之挽車者也；英雄所能造之時勢，實乃技工之製品，猶司啓閉者之轉移社會變革之樞紐也。方物質條件之未備也，個人無論如何努力，人羣無論如何運動，社會之變革終不可期也；物質條件既備矣，個人或人羣苟不努力以促成之，社會之變革亦不易實現也。

當十七世紀之時代，歐洲之產業革命已肇其端，工商階級逐漸得勢，而經濟上則受舊時組合制度之摧殘而不克自由發展，政治上則受封建貴族之壓抑，而不克保護產業之安全，當時之生產力，在封建社會內已無發展餘地，所謂社會革命之經濟的條件固已具備矣。盧梭等能測度歷史進化之潮流，究知社會發達之趨向，故首創天賦人權之自由學說，爲彼被壓抑之工商階級開一民主革命之生路，於是而民治潮流遂澎湃於寰球，而盧梭遂成爲世界之偉人。又如十九世紀中葉，歐洲產業革命殆已完全成就，盧梭之自由學說化成資本階級自由競爭之利器，自由競爭與私有制度遂成爲現代社會組織之兩大原則，而社會問題於以發生，階級對立於以顯著，資本集中，恐慌迭起，生產力漸有停滯之虞，而社會革命之經濟的條件，似亦已具備矣，於是馬克思起而創社會主義學說，爲被壓抑之勞動階級造一社會革命之工具，於是社會思潮遂震盪於寰宇，而馬克思遂成爲世界之偉人。此非盧梭馬克思之天才能創造萬人所熱烈信仰之學說也，實則盧梭馬克思能認清社會進化之關鍵，能闡發萬人心理之自由思想以啓發衆人之耳目而已矣。

希臘時代之柏拉圖亦曾著書發表其社會主義思想矣，而影響全無者，以其無經濟基礎、類皆玄虛之談也。十九世紀中葉，蒲魯東巴枯甯之流亦嘗唱無治主義之學說矣，而信徒絕少者，以其昧於歷史的經濟的演進，類皆空想之論也。

由此觀之，社會之變革，一方面固須待物質的條件具備，一方面尤賴個之人努力，始能實現。各個人不能全仗其自身之努力，任意改革社會，亦不能靜待社會之自然變化而怠其對於社會之努力。生今之世，爲今之人，誠宜細察社會之潮流，熟審時代之精神，創造自身之歷史。促進社會之進步。不當逆反時代潮流：致爲無益之努力，亦不宜放棄自身責任，徒托玄妙之空言。此個人努力對於社會革命之要件也。

第十一章 社會之進化

第一節 進化之原理

統觀人類之歷史，各時代有各時代之政敎風俗及思想，各時代有各時代之經濟制度及特殊之社會與國家之形式，又各有其接觸戰爭及遷徙之事變，人類此種紛糾錯雜之思想及行爲果何自而來乎？換言之，此種精神的社會的現象內容及形式之變化，果何自而來乎？此其中蓋有一種原動力在也。人類感覺思想及意識之所以發生變化，社會制度及社會衝突之所以異其形式者，皆此原動力之作用也。此原動力非由思想觀念理性或精神而生，乃由物質生活關係發出者也。人爲社會的動物，藉自然環境及自身肉體的精神的助力，經營其物質生活，提供其生活資料，又生產生活必須之財物而交換之，此即物質的生活關係也。物質生活之一切範疇中，最重要者爲生產生活之必需之資料。而此生活必需資料之生產。恆由生產力決定之。故社會進化之原動力卽此生產力是也。

各個人利用自然環境所供給之材料，以生產種種物財，而發生種種相互之關係；同時反射生產力於精神之上，創造一定之社會的政治法律的制度及宗敎倫理哲學之體系。故人類從事生產的勞動時，即造出一定之社會形態及國家哲學與科學。物質的生產關係構成社會之基礎，與此基礎相適應之精神文化之體系，構成社會之上層建築。而此上層建築又有維持其基礎之力，並促進其發展。故基礎爲物質的，上層建築爲其精神上之反映，又爲精神之結果。

社會之革命的進化，依據二種現象而成。其一爲物質的現象，由生產力之發達而成，其二爲精神的現象，係受前者之影響，由社會的階級鬥爭而成，兩者同出一源，而其任務則分途並進。蓋生產力發達，則社會物質的基礎勢必發生變化，舊生產關係不能增進生產之利益，而成爲生產力發達之障碍。政治法制等上層構造，已不適合於經濟的基礎，於是生產力與生產關係遂至互相衝突，同時經濟上被壓廹之階級亦與經濟上占勢力之階級，發生階級的利害爭鬥。此時生產關係苟不改造，則生產力不能繼續發達，社會即無進化。而改造此生產關係之人工的發動力則爲階級鬥爭。階級鬥爭之結果，社會之物質的基礎改造，因而政治法制等上層建築亦適應此基礎而改造，如此產生之新社會遂超出舊社會之上，是謂社會之進化。是故社會進化之原動力實爲生產力，生產力繼續發達，則經濟組織繼續進化，政治法制及其他意識形態亦隨而繼續進化。此社會進化之原理也。茲特本此原理分別說明經濟政治法律道德宗教哲學藝術之進化於下。

第二節　經濟之進化

研究社會之經濟的進化而最有心得最中肯要者，無如莫爾甘及馬克思二人。莫爾甘之研究注重古代社會，馬克思之研究注重文明社會，其研究之方向雖各不同，而其論進化之原理則一也。予以爲依據經濟發達之歷程說明社會進化之階段，當以莫爾甘馬克思兩氏之經濟的分類法爲確當，茲特採兩氏學說爲根據，以說明經濟之進化。

第一　莫爾甘對於經濟的進化之說明

莫爾甘分人類社會之歷史爲野蠻，半開，文明三大時代，均依生活必需品生產方法之進步發達而區分者也。人生於大自然之中，所以能獨占優勢者，以其有善於取得生活資料之才能也。一般動物之中，其能生產（或取得）豐富之食物者，唯人類而已。故人類社會有大進步之時期，必爲衣食最豐富之時期也。

先就野蠻時代而言，野蠻時代又可分爲三期。

野蠻時代第一期，爲人類之幼稚期。人類此時多生活於熱帶亞熱帶地方之森林中，爲避免毒蛇猛獸之害，常營樹上生活，食物則完全仰給自然界之木實草根及飛禽走獸，生吃活啖，所謂穴居野處茹毛飲血者是也。其可視爲此時代之特徵者，惟知以簡單明晰之言語互通心意而已。此種原始狀態，今已不復存在，任何野蠻種人殆皆脫離此時期。此時期之經歷甚久，吾人雖不能舉出直接之證據，然既經認定人類由猿猴類進化而來，則其必經歷此過渡時代也，殆無疑義矣。

野蠻時代之第二期，人類已知採取魚類貝類爲食物，能發明用火之方法。其在仰給自然界之果實樹根爲食物時，固有長居熱帶或亞熱帶地方之必要，今既發明用火之法，則知烹魚燒肉爲食物，濱河濱海一帶，當爲人跡所到之區，始由樹上生活進而營地上生活，已知發明粗糙石器從事漁獵矣。今之澳洲土人及波里納西亞土人正屬於此時期。

野蠻時代之第三期，自發明弓矢時爲始，弓矢發明之後，則狩獵成爲人類謀生之職業。既有發明弓矢程度，則其他種種同程度之發明，亦必同時而起，故知製造石斧石簇等項銳利之石器，知取木材爲簡陋之宮室，知用木料製造器具，知取木皮編製服物用品。所謂部落生活即肇端於此時。美洲西北部印的安士人初被歐人發見之時，尙屬於此時期。

其次則進至半開時代，亦可分爲三時期。

半開時代之第一期，自發明陶器時爲始，陶器之發明，於器具之使用上實有大進步。而家畜之發明，實爲此期之特徵。美洲東部印的安人初被歐人發見時，尙屬於此時期。

在此時期以前，人類進化之途徑，爲一切民族所必經，吾人考察進化之歷程，殆無顧慮地方性之必要。迨至半開時代，則東西兩半球因天賦之不同，故文化之進步殊途。半開時代之特色爲動物之畜牧與植物之栽種。在東半球則有畜牧，有栽種，在西半球（如美洲）則於哺乳動物中僅知畜養駱馬，於植物中僅知栽種玉蜀黍而已。東西兩半球因此種自然條件相異之結果，故爾後進化之步驟各別。

半開時代第二期，東半球以馴養家畜時爲始，西半球以栽培食用植物及以磚瓦石塊作建築材料時為始。就東半球而言，畜牧為此期之特徵，飼養牛羊，取乳肉以供食用，取皮毛以製服物，故此期有遊牧人羣出見，逐水草而居，遷徙無常。農業之發達較遲，穀類之栽種，最初或係用以飼養家畜，後始用以供人類之食用。家屋用木材磚瓦石塊為之，已漸次避去風寒暑濕之苦矣。至於西半球，最初專種玉蜀黍，作為主要食物，是為此時期之特徵，惟畜牧則不甚發達。歐人發見美洲之初，美洲之印的安種人有已進於此時期者，彼等專食玉蜀黍，此外略種南瓜少許，所畜養之動物僅七面鳥及騾馬耳。家屋用木造，築柵以圍之，聚族而居，共營部落生活矣。秘魯人美洲中部印的安人及墨西哥人初被歐人征服時正屬於此時期。

半開時代之第三期，以發明鐵器為特徵。鐵器發明，則有刀劍鍬鋤，可以開墾土地，助農業之發達，可以製造器具，促工業之進步。生活必需品逐漸豐富，人口亦逐漸稠密。英雄時代之希臘人，羅馬建設以前之意大利人，海賊時代之諾爾曼人，皆屬於此時期。

其次再進則入於文明時代，自發明文字記錄之時為始，有史以後之人類均屬之。

綜其大體而論，野蠻時代係採集自然物之時代，人工之生產不過爲獲得自然食物之補助而已，半開時代爲畜牧農耕之時代，人力能增加自然之生產力；文明時代則爲人工生產之時代，爲發展產業增進生產技術之時代，人類已能脫離自然之束縛，且更進而支配自然，創造自然矣。此莫爾甘對於經濟的進化之說明也。

第二　馬克思對於經濟的進化之說明

馬克思依據亞細亞的，古代的，封建的，及現代資本家的四種生產方法，列成經濟的社會構造之四大時期。

第一期爲生產力尙屬幼稚之時期。馬克思所謂亞細亞的生產方法，卽指古代巴比倫之狀態而言。巴比倫之生產狀態殆已由半開時期而踏入文明時代之初期。此　之經濟組織，尙無文明社會階級之區別，故無奴隸制度存在也。

第二期爲奴隸制度盛行之時代。是時人口增加之結果，物質的生產力發達，一人之勞動，能生產剩餘生產物，足以維持多數人之生活。至是人與人之間，始有隸屬關係發生，而助長階級成立之物質的條件，殆已具備，故奴隸階級成爲最初之被壓迫階級而出現於世。此奴隸制度之存在，卽爲物質文明已發展至於相當度之明證。奴隸云者，卽被他人視爲財產之人也。故奴隸勞動之生產物，完全屬主人所有。但奴隸亦生物也，欲繼續生存，則必仰賴主人給以一定生活資料供其消費。故奴隸勞動之生產物，形式上雖完全歸主人所有，而實際上主人必分給其一部分供其消費，主人所得者，僅一部分之剩餘生產物而已。

第三期爲農奴制度盛行之時代，農奴制度較之奴隸制度稍爲和緩，就其模範的形式言之，凡屬農奴，每一星期得以數日耕種其向地主租種之土地，所得之農產物歸一己所有，其與奴隸之狀態不同。但農奴因租種地主土地之故，每一星期必以數日爲地主服役，而從事義務勞動，其被他人掠奪其剩餘勞動，則與奴隸相似。故在農奴制度時代，農奴勞動中屬於剩餘勞動之部分，實爲地主階級所吸收，無俟多述。至奴隸制度之所以能綏和而變成農奴制度之原因，則因奴隸之勞動不靈敏不熱心之故，爲增進生產力計，不能不改良其境遇，使爲奴隸而業農者亦得以其一部分之勞動力獨立生活也。

第四期爲工銀勞動制度盛行之時代，現代多數文明國正屬於此期。勞動者享有自由之範圍，由奴隸而農奴而工銀勞動者，蓋已次第擴張，今日之工銀勞動者所以又稱之爲自由勞動者，蓋根據此特徵而言者也。勞動者自由範圍之所以擴張，實與勞動生產力之增進有重要關係。而自由範圍擴張之次第，又與武力的強制減殺之程序相同。蓋勞動者之結合，爲增高生產力唯一原因，而促進勞動者勞動結合之方法，其始也純有賴於武力的強制，其繼也勞動之結合，不假武力的強制亦能實行，則武力的強制亦次第減殺，遂至於完全廢除。武力強制完全廢除，然後自由的勞動者階級始能發生。

例如就農業勞動者言，必在土地完全被少數人占有之時，然後工銀勞動制度始能成立。蓋在地廣人稀或土地尙有未經他人占有之時，則有勞動能力者，皆得利用土地，以生產其自身之生活資料。此時強有力者，苟欲吸收他人之剩餘勞動，則必憑藉對人的強制，使他人爲之隸屬者，始能成就。奴隸制度在使他人成爲自身之財產，農奴制度在使他人固定於自家之土地，要皆憑藉武力的強制以增加勞動之結果者也。雖然，此種武力的強制，至一切土地概成爲私人財產時，則失其必要，此奴隸與農奴所以被解放而成爲自由勞動者之原因也。

其次就工業方面言，亦莫不然。工業上重要生產手段爲勞動手段，而土地次之。此等勞動手段若由單純器具發展而成爲複雜之機械時，則勞動者卽無能力獲得機械，其結果，多數勞動者成爲使用勞動手段之人，而少數資本家成爲私有勞動手段之人。此時勞動者完全不受武力强制，自當服從資本家勞動條件，從事勞動，於是乃有自由勞動者發生。所謂自由勞動者之意，以彼等旣不隸屬於特定之人，又不爲特定之人所有，旣有選擇職業之自由，又有居住轉移之自由故也。惟彼等旣與勞動手段隔離，斯不能不售其勞力於他人，此其最大之不自由也。自由之束縛，在昔日爲對人的强制，今則化爲社會的强制矣，因此之故，近代所謂民治國家，憲法上未有不規定一切人民皆自由皆平等者，而實際生活上則階級之區別依然存在，一部分人仍得利用他一部分人爲自身生活之手段，名義上雖曰自由平等，而實際上則不自由不平等也。此馬克思對於經濟的進化之說明也。

第三節 政治之進化

政治之進化，隨經濟之進化而轉移。在古代共產社會中，其政治爲全民政治，在文明時代之私產社會中，其政治爲階級的政治，此政治進化之公例也。

在古代氏族社會，人類生活受自然所强制，不能不營共產生活。就前章所述伊洛葛人經濟狀況言，生產物皆歸生產者所有，分配完全平等，經濟上無階級之區別，個人間亦無利害之衝突。經濟生活異常簡單，社會秩序易於維持，語其大者，對內僅有個人與個人或氏族與氏族之紛爭，氏族會議足以排解之，對外僅有防禦外敵或復仇雪恥之戰鬥，武裝的自治組織足以捍衞之。故氏族組織可以統御一切社會關係，無實行專制集權之必要。又如村落集產時代，村落卽爲經濟的自治團體。就日爾曼之馬爾克而論，土地歸村落共有，由全體人員共同耕種，共同收穫，經濟上各人皆處於平等地位，故政治組織亦完全平等，皆有參與『民會』之權。其法律雖具有共同主權之形式，不免拘束個人之自由，然其拘束僅限於生產上之必要，所以促進共同勞力之効果，於個人之利益無妨害也。此古代共產社會之政治狀態也。

自私產制代共產制而起，經濟上分爲剝削者與被剝削者之階級，社會的編制，依財產之多寡而分，個人間利害之衝突日甚，因而政治上亦發生支配與被支配之階級，昔日之全民政治一變卽成爲階級的政治，此文明時代政治之通性也。

初期封建國家，建築於初期封建社會之上。當時之經濟組織採用奴隸制度，故其國家爲財主統治奴隸之國家。財主個人之權力，集中於國家形式之下，政權之分配則以財產之多寡爲比例。例如雅典，在王政時代，私產制度早經確立，社會分爲種族的貴族與平民兩階級，故其政治組織尙留有氏族制度之痕跡。逮提西歐出，始分雅典人民爲貴族工人農民三階級，建統一政府於雅典，樹立貴族的寡頭政治。迨後貴族經濟上之勢力，因借債盤剝而日益增大，公民在財產上之地位大受損害，多有淪爲奴隸者，而貴族與公民之鬥爭以起，故有梭倫出而代表公民之利益，改革政治制度，依據不動產之收入，區分公民爲四階級，官職就任權，爲有財產之第一第二第三三階級所專有，最高官吏惟第一階級之人能爲之，第四之無產階級則僅有參與民會之權利而已，梭倫此項改革，可謂爲一種政治革命。自經此改革以後，而以財產權爲基礎之政治組織遂以確立。然貴族與平民之鬥爭，雖經梭倫之改革而暫見緩和，而貴族專政仍未完全廢除，且自由民利用奴隸生產，經濟勢力增大，其與貴族之鬥爭亦劇烈，至克里斯特尼出，乃代表自由民編纂

法典　撤廢梭倫之四階級制，而區分雅典人民為十地域種族，賦與自由民以市民權，成立民主政治，由是社會分為自由民與被保護民或奴隸之兩階級。然所謂民主政體，並非包括雅典人民全體，實際上有市民權者僅限於一萬五千至二萬之自由民，真正之主權者乃市民團體，其他奴隸二十六萬五千人及被保護民四萬五千人皆為經濟的被剝削階級及政治的被支配階級，此雅典政治進化之趨勢也。

其次如羅馬，羅馬建國之初，社會分為老羅馬人及平民兩階級，其政治組織尚留有民族制度之痕跡。而特權則概歸老羅馬人一階級所獨占。迨後工商業逐漸發達，平民階級經濟勢力增高，遂與老羅馬人為政治的爭鬥，逮塞維斯王出，始制定新憲法，創立新民會，廢除老羅馬人與平民之區別，依財產之多寡區分人民為六階級，按階級之高低，定設置軍隊之數目，及選舉票數，一切政權雖移歸新民會，而新民會中占有過半數投票權者，實為一二三三階級，即為大地主貴族階級，其餘四五六各階級則為平民階級。自是以後貴族階級對於平民階級實行經濟的剝削，平民中因破產而陷於為奴者不可勝紀，而平民階級乃不得不與貴族階級為政治上之奮鬥，共和時代之歷史，實與此階級爭鬥相終始者也。此羅馬政治變遷之大概也。

降逮高級封建社會時代，小土地私有制度，古代之奴隸制度已不能助長生產力之發展，乃採用農奴制度焉。于是社會分成地主與工商農奴兩大階級，而地主階級之中，又分成大地主小地主等無數之階級。地主以其所有土地頒與農奴耕種，而取其勞動結果之大部分，農奴則僅能恃其最小部分之收穫，以維持其最低限度之生活，此高級封建社會之經濟組織也。至其政治組織，則以此經濟組織為基礎，地主一階級即所謂皇公諸侯卿大夫之支配階級，農奴及工商即所謂庶人之被治者階級也。治者階級在經濟上既完全獨占土地之生產機關，在政治上則完全專擅一切行政裁判權利，被治者在經濟上既處於與奴隸生活相同之地位，在政治上當然任憑治者階級之支配。故就其大體而言，此種政治即為地主階級統治工商農奴階級之政治，就其行政之系統而言，則小地主隸屬於大地主，大地主隸從於最大之地主，即所謂天子統三公，三公牽諸侯，諸侯制卿大夫，卿大夫治士庶人者也。若中國周代之政制，若歐洲中世紀大陸封建國家之政制，其形式雖不免大同小異，而其性質則一。此高級封建社會政治變遷之大概也。

迨至近代，封建社會組織解體，土地歸豪强兼併，新式工商業發達，農奴制度廢止，工銀制度代興。於是政治組織，乃由封建政治變爲代議政治，政治之中心亦由地主階級移於新興資本階級。若英國第十七世紀之兩次革命以後，政治權力次第移於新興工商業者及鄉村地主所構成之資本階級，其政權之執掌，在形式上雖由王公貴族及國會分配，而立法制及議預算之大權，則完全操諸資本階級代表組織之國會，至十八世紀初期，而代議政治完全確立。若法國自經一七八九年之大革命以後，政權亦由高僧貴族階級而遷於第三階級。他如與德美日意等國，亦莫不隨資本主義經濟之成立，而創成相似性質之政治焉。資本社會分爲獨佔生產手段之資本階級與一無所有專恃勞動力謀生之無產階級，代議政治卽資本階級利用以統治無產階級實行剝削的支配者也。洎乎最近，資本主義發展過度，貧富之懸絕日甚，無產階級感於現時經濟組織之足以脅威其存在，乃有變更經濟組織之階級的意識，而致力於改造擁護現時經濟組織之代議政治，階級鬥爭之熱度愈形激昂。無產階級在財產方面雖無所有權，而其勞動力在生產方面實握有絕大之勢力，故能成爲經濟上大有勢力之階級，遠駕乎資本階級之上。資本階級因受無產階級之有力反抗，亦承認其勢力之不可侮，乃不得不略表讓步，至有擴張選舉權，或承認普通選舉，許勞動階級參政，今日各先進國之採用普通選舉制，實由階級鬥爭而來也。雖然，今日之國家仍爲特殊階級之國家，其所掌握之政治權力，並未因平民階級之參政而實行退讓，其結果亦不過略以緩和階級之衝突，而階級衝突終難免避也。依今日世界潮流推測之，平民階級已醞釀革命，以企圖推翻代議政治而建設新政治矣。

第四節　法律之進化

法律，專論所有權之關係者也。法律之程式及其範疇雖異常複雜，然其根據所有權之關係而創制，則一而已矣。法律之進化，與生產力之發達爲比例，此無他，經濟上之生產關係，即法律上之所有權關係也。夷考所有權之沿革，可分爲三大時期：第一期爲氏族或村落公有制，第二期爲個人私有制，第三期爲社會共有制。第一期爲氏族社會時代，土地財產屬氏族公有，故此時共同生活習慣之規律，以財產公有制爲中心，由氏族共同團體執行，藉以維持社會之秩序。此時共同生活習慣之規律，適合社會全體人員之利益，無擁護一部分人利益侵害他部分人利益之事，與文明人所謂法律之性質不同。降逮第二期，則入於文明時代，財產公有制崩壞而個人私有制代興，特權階級爲維持所有權計，乃創出國家之機關以統治下層階級，更以私有制爲中心，創制法律，藉公共權力强制執行，直接維持社會之秩序，間接維持本階級之利益。故此種法律在特權階級視之，則含有經濟的剝削之性質；在下層階級視之，則含有經濟的被剝削之性質。迨至第三期，則由資本主義時代入於社會主義時代。資本主義發展過度之結果，個人私有制逐漸化爲社會共有制，此時之法律以社會共有制爲中心，現時勞農俄國之法律，即具有此種傾向者也。

如上所述，法律之沿革，由於所有權之變遷，而所有權之變遷，則由於生產力之發展，故生產力之發展實爲法律進化之原動力。至於助長法律進化之人工發動力，則階級鬥爭是也。

方生產力與生產關係正相調和之時，所有權之觀念一定，社會上之特權階級得憑藉法律以維持其寄生生活，下層階級雖從事苦痛之勞動以貢獻於社會，然猶得仰賴法律以維持其卑劣的存在，故法律秩序得以保持一時之安定。及生產力發展至於一定程度，下層階級縱如何努力增加其對於社會之貢獻，而社會之根本法制若仍舊保持特權階級之利益，而不與以相當之報償時，則下層階級即感知法律組織足以障碍生產力之發展，並覺悟其自己階級之利益與特權階級之利益不相容，而法律的自覺以生。下層階級對於社會之貢獻愈增高，生產力與法律組織之衝突愈激烈，而此種法律的自覺亦愈明顯。於是法律之根本的改造勢不可免，而法律的鬥爭所引起之機會亦因而成熟，經濟上之階級鬥爭遂顯現而成爲法律上之階級鬥爭矣。

法律上階級鬭爭之發展，隨階級的正義意識之擴大而決。蓋法律秩序爲特權階級所維持，恆有固定之性質。當社會之新與階級發生新正義意識而要求新秩序時，則舊日特權階級亦固執其舊正義意識，而努力支持舊秩序。舊階級利用舊法律秩序壓廹新階級之利益時，新階級愈欲貫徹其新意識，愈感知有保持其生存之必要，而階級之衝突亦因而劇烈。至是舊階級亦不能不表示最低限度之讓步而容納新階級之要求，對於法律爲最小限度之修正，以希圖敷衍於一時，而於法律上基本之點祇爲有可以搖動其特權者，則堅持固執，決不輕於讓步也。然生產力繼續發展，階級的利害亦隨而繼續變化，法律組織苟不適應生產關係變化，則階級鬥爭亦必進行不已，而舊階級感於舊法律秩序之不能維持，對於新階級之要求必多方壓迫，或巧借名義，更創制多種階級防衛之法律，以鎮壓新階級，而新階級感於生存之脅威，亦愈益加增其對於舊階級之反抗。階級鬥爭劇烈之結果，則新階級必至於推翻舊階級，或兩階級同時並倒。新階級推翻舊階級，則新法律秩序代替舊法律秩序；兩階級同時並倒，則社會隨而破裂，此法律進化之趨勢也。

現代法律爲羅馬法之復活之延長，此法學家所公認也，吾人欲舉實例以證明上述法律進化之趨勢，當自羅馬法始。

羅馬建國之初，貴族階級利用優越勢力，掌握特權，平民階級被排除於一切公權之外，惟得納稅當兵購置田產而已。其後平民階級私有土地者日衆，其生產力亦繼續發展，工商業之財富，大部分屬於平民，於是平民始感知法制之不合理，乃開始向貴族階級要求賦予公權，而階級鬥爭以起。塞維斯鑒於此種趨勢，始變更法制，以土地爲樞機，創立民會，俾平民亦得參預國政，以緩和兩階級之衝突。但平民雖得參政，而兩階級之對抗如故，貴族之勢力並未末減，仍得利用特權，壟斷土地生產機關，平民旣不能爲官史，又不能參與國有地之分配，大部份仍不能不租種貴族土地以維持其卑劣之存在。平民因債務兵役之繁重，不堪貴族之誅求，遂據聖山以叛，貴族不得已讓步，乃有護民官之設置，希圖緩和於一時。但護民官在法律上所有之權力，僅能消極的監督貴族之專橫，而不能爲積極反抗，故平民仍未能脫離賦稅兵役之支配關係。且當時流行之不文習慣法，貴族階級之官吏恣意濫用，諱莫如深，平民不堪其苦，乃有要求公布法律之運動，幾經奮鬥，始有十二銅表法之頒布。然十二銅表法雖經頒布，而平民除了解貴族之壓迫行動外，並未受若何實惠，貴族階級獨占土地如故也。自此以後羅馬營利主義經濟日益發達，貴族階級更利用經濟勢力，擴張營利主義於農業方面，小農因此破產而墮於無產階級者日見增多，於是平民階級感於舊有法律制度足以阻礙生產力之發達，迫而要求新法律制度及農業土地制度，以謀助長生產力之發展，但貴族階級視此爲存亡關鍵，絕不讓步，遂加反對者以顛覆國本之罪名，施以猛烈壓迫，平民階級被虐殺者不可勝數，流血之鬥爭亘數百年而未已。鬥爭之結果，平民階級終歸失敗，而貴族階級亦因此萎縮不振，遂促羅馬之滅亡。故羅馬法律上之階級鬥爭，以兩階級同時并倒而終局者也。

一高級封建時代之法律，以大土地私有制度爲本位，其擁護地主貴族階級或行東階級之利益，與初期封建時代之法律，原無二致。當其始也，生產力尙得在此財產關係中繼續發達，奴或職工徒弟猶得藉以維持最低之生活。迨至工場工業興，新興資本階級成立，生產力驟形發達，而舊日之法律制度，若英國之穀物條例，若法國之工業限制法，農產物禁止流通法等類，皆足以成爲生產力發達之桎梏。故新興資本階級，封建階級相鬥爭，鬥爭之結果，資本階級戰勝，乃變更舊日法制，而創出現代之新法律焉。

資本社會之法律，其精神爲自由主義，卽以「自由」「平等」及「私產神聖不可侵犯」三者爲根本原理者也。據自由主義之根本思想，私人生活之有利與否，惟各人自身爲最上之判定者，故法律宜任各人惟利自求，不得干涉其經濟生活，使得自謀生活，自求幸福。各人苟皆能增進自身之幸福，則社會之幸福亦隨而增進矣。依此法律原理，則生產及交易，均應放任各人自由爲之，此卽契約自由也。然勞動者亦人也，亦必惟利自求，而勞力爲財貨之一種，當其出售之時，亦必受契約自由之原則所支配，而後社會全體之幸福始能增進。此近代法律採用「自由」爲原理者也。

既承認上述之自由原理，則各人因惟利自求所蓄積之財產，即不能不受法律之保護，並不能不保護其因獲得財產所發生之財產關係。故法律規定私產之神聖不可侵犯，乃所以完成社會之幸福者也。此近代法律所以採私產神聖不可侵犯爲原則者也。

私產權既經承認．然法律不可厚此而薄彼，故財之分配又非平等不可，即不能不於承認各人既得之財產權外，更期其平等，即承認私有財產權之平等也。此近代法律所以採用「平等」爲原則之意義也。

上述資本主義之法律原理，乃現代資本主義國家法律之精神，法蘭西大革命後根據「人權宣言」所制定之法律，即應用此原理者也，其他各國法律之精神，亦莫不然。

依上述法律原理觀之，自由平等係以財產爲根據，乃有產者之自由平等，而非有產者與無產者間之自由平等。有財產者生而自由平等，故其所有權神聖不可侵犯；惟其所有權神聖不可侵犯，故所有者生而自由平等。反之無財產者生而不自由不平等，故無產；惟其無產故不自由不平等也。

經濟上之階級鬥爭，法律上之階級鬥爭也。現代法律上之階級鬥爭，即由上述法律原理誘導而生者也。蓋現代經濟制度之特徵，凡財皆爲商品。有形財既爲商品，無形財亦爲商品。資本家以其有形財化爲商品，勞動者亦以其無形財之勞動力化爲商品。資本家以貨幣購買勞動者之勞動力，勞動者以其勞動力換得貨幣售諸資本家，故勞動者與資本家之關係實卽買賣關係。既爲買賣關係，卽不能不受契約自由之原則所支配。故勞動者之售其勞動力也，形式上出於自由，且與資本家立於法律的平等之地位，然就實際言之，勞動力之買賣果爲自由乎？勞動者果與資本家平等乎？此不可不察也。

就事實而論，勞動力之買賣，實不自由。何也，勞動者家無宿糧，一日不能售其勞動力，卽一日陷於凍餒之境，其出售勞動力也，實處緊急狀態，與破產者之拍賣其餘產無以異。非如有形財之受需給法則所支配，猶可以待價而估也。其次就勞動契約而論，勞動者與僱主實不平等。蓋勞動力附於勞動者之身體，勞動者之售其勞力，與普通售貨不同，終日處資本家之下，受人格上之支配，隨資本家之意志爲從違，此身分之不平等一也。又勞動者迫於飢寒，出售其勞動力，在契約上，除維持其自身及家屬所需之必要勞動外，更不能不從事剩餘勞動，以少額之代價，爲多量之工作，此代價之不平等二也。有此二因，故在現代法律制度之下，勞動者對於資本家，實處於不平等不自由之境遇，推厥根由，實近代法律擁護私產之所致也。勞動階級感於現代法律之偏護資本階級，知要求改造法律以求眞自由與眞平等。然資本階級對於反對法律根本精神之行動則目爲叛逆，施以嚴格之壓迫。於是勞動者爲達其目的計，採積極之反抗行動，組織勞動團體，而以階級鬥爭之形式行之。資本階級感於勞動勢力之不可侮，乃於不損害其根本權利之範圍內，承認對於法律爲最小限度之修正，近代各種社會政策的法律即由此產生者也。然勞動階級之自覺隨生產力與生產關係之衝突而日益加强，最後必進而要求將私人所有權化爲社會所有權，而創制以社會共有制爲本位之法律，近日社會主義革命之醞釀，就法律上言之，實根據此種要求而起者也。

第五節　道德之進化

據達爾文學說，一切動物對於自然環境，均行生存競爭。欲防衛自身，獲取食物，惟具備最有效之特殊器官而最能適應自然環境者，方能繼續存在。一切動物爲行生存競爭，皆營共同生活，而保衛自身蕃殖種族之本能，遂日增發達。人爲動物之一，非營社會的共同生活，不能立於自然界，故人類之社會的本能，亦非常發達。所謂社會的本能者，即爲社會舍身之犧牲心，擁護社會之勇敢心，遵從全體意志之服從心，以及感知毀譽褒貶之名譽心等皆是。此等社會的本能，皆爲道德的要素，適合於社會的要求，故當社會關係繼續不變之時，此等社會的要求反覆發生作用，有命令個人遵守之力，乃化爲道德規範，積之又久，則成爲人類生活之習慣。是故道德規範與社會的要求，實有密切之關係。社會變化，則道德亦隨而變化。故不同之社會狀態，要求與之相適應之道德規範，而道德之變化以生。

道德規範雖隨社會變化，然亦不必皆與社會的要求探同一步驟而繼續變化者。蓋道德規範一旦成爲習慣，即不感受他種社會要求，人類亦認爲行爲之標準而依舊維持之。故在實際生活上，社會的要求雖隨技術之進步與生產方法之發達而逐漸變化，而道德規範在相當時期內仍得保持其獨立之生命焉。換言之，道德規範與其他政治法制等精神的上層建築同，皆建築於經濟的基礎之上，但一旦建築成功之後，則與基礎分離，在相當時期內猶得保持其獨立之生命也。

然道德規範一旦離社會之基礎獨立，則此種道德規範已非社會進步之要素，而成爲保守的要素之化石，反障碍社會之進步，於是道德規範與社會的要求之矛盾以生。

道德規範與社會的要求之矛盾，在無階級之原始社會中固所難免，惟不若有階級之文明社會之甚。且在原始社會中，此種矛盾之所由生，實由個人固執於習慣之故，故欲改正其道德規範，僅憑輿論之力戰勝習慣，即爲已足，固無須他種武力的强制也。至文明社會中則不然，道德規範之維持，成爲階級的利益之問題，其關係於特殊階級之勢力甚大，故特殊階級恆利用種種强制力，如經濟力組織力以及軍隊警察法庭教會之類，以鎭壓被掠奪階級，藉維持其於本階級有利益之道德規範，强制他階級遵守之，此可就各種文明社會中之道德規範以說明之者也。

溯自私產制度成立，社會裂成階級以後，階級鬥爭隨生產技術進步日趨發達，而道德規範亦隨而大生變化。於是公平平等自由成爲特殊階級之道德，服從忠勇犧牲成爲奴隸階級之道德，於一階級有利者必於他階級有損，所謂强制之道德偏頗之道德是也。殊階級經濟上既征服下層階級復實行强制道德以羈勒之，亦猶獄吏之監視囚人，鑰扃其門閉其鐵柵，復懼其脫逃而飲以痲醉劑也。特殊階級，失其檢束，奔逸放肆，侵害奴隸，莫之或止。惟利己之自圖，獨占經濟優越地位，視橫領強奪，爲正當之道德。柏拉圖理想國中所記斯拉雪麥格之言曰：『公道，強者之利益也。』莊子亦曰『竊鈎者誅，竊國者侯，侯之門，仁義存。』密勒約翰亦曰：『特殊階級存在之國，其道德大部分必依據此階級之利益及優勢之感情而生；若斯巴達人之於奴隸，殖民地之於黑奴，君主之於臣僕，貴族之於平民，男子之於女子，概皆以此而定其道德關係。』故初期封建時代之道德，對於特殊階級則推獎無限自由之道德，對於奴隸階級則爲特設合於基督教旨之勤勞與服從之道德也。

封建社會，貴族統治農民奴隸，常實行所謂恐怖道德，使臣民懷恐怖之心，以爲卽使反亂，終不足恢復自由也。恐怖道德之效，在使奴隸思其境遇，以爲天命所使然，俾不敢至於謀叛，所以屈服天命也。貴族階級恣意橫奪，以其利已心之行動，確保其巨大之利益，壓抑他階級之利己心，使默從於其不正之行爲而爲之犧牲。猶復儼然飾其威儀，俾起畏敬之念，殆如迷信之類，用以壓服被治者之心。農奴則唯有百方從順，除屈服於壓制外無他事。此『愛民如子』『視民如傷』，所以爲貴族階級之道德，而『親上死長』『忠君報國』，所以爲封建臣民之道德也。

資本社會之道德，表面則冒社會福利共同利益之美名，隱匿其實體，其惑人心不易發見，其性質未能明瞭，窮核其實際則不外默許富者行樂放恣，勸獎勞動者屈服從順勤苦作工用以增大其資本保持其安富而已。是故資本階級之資本愈增殖，對於貧者道德之強制亦愈大。貧者行動之範圍愈狹，富者行動之範圍愈廣。行動之範圍愈狹，此階級突破藩籬之念亦愈切，而犯法之事愈多；行動之範圍愈廣，則自由之範圍亦廣，而犯法之事愈少。故自表面觀之，資本階級不道德行爲少而勞動階級不道德行爲多，然考其實際則適得其反而已。道德之敗壞，至資本社會而極矣。勞資兩階級之衝突日益劇烈，資本階級惴惴焉懼權力之將失墮也，對勞動者之手段愈辣，而愛他心泯焉：勞動階級惴惴焉懼自身與妻子之將凍餒而亡也，對資本家之反抗亦激烈，而利他心減焉。此新道德之要求，所以至今日而愈益熱烈也。

時至今日，經濟組織既已進步，新社會的要求亦已產生，故大多數無產階級要求新道德規範以伸張本階級利益。而少數資本階級爲維持固有之利益計，仍利用强制力以擁護舊道德規範焉。於是道德之理論與實際遂至大相矛盾，擁護之者固未能實踐，以其爲利也，反抗之者亦非心悅誠服，以其迫於强制也。是故當階級衝突熱烈之時，社會所公行之道德，常擁護奴隸制，擁護不平等，擁護掠奪，質言之，所謂道德即不道德而已。

依社會進化之原理言，勞資兩階級之鬥爭爲最後之階級鬥爭，勞動階級戰勝資本階級之時，則階級的社會之階級的道德規範勢必改造，而適合于無階級之新社會之新道德理想，亦必實現而成爲新道德規範焉。此新道德理想爲何，即自由平等博愛是也。夫曰自由，曰平等，曰博愛，本爲人類社會永久之道德，亘萬世而不變，並無他種神秘之性質存乎其中，階級的社會中固嘗切望其實現而未能實現者也。基督教亦嘗提倡自由平等博愛矣，然其所謂自由乃希望解除生產勞動之自由，所謂平等乃要求消費財產之平等所謂博愛乃慈善性質之博愛，離經濟條件提倡自由平等博愛，此其所以徒托空言也。法蘭西大革命，亦嘗高唱自由平等博愛矣，然其所謂自由平等博愛，皆以所有權爲根據，固執私有財產制而言自由平等博愛，此其所以不能實現也。至若社會主義所主張之自由，乃在發展生產力減少必要勞動充分享樂精神文化之自由；所主張之平等，乃在共同從事生產勞動之平等；所主張之博愛，乃在壯有所用，老弱廢疾皆受社會扶養之博愛也。此種性質之自由平等博愛，乃眞自由眞平等眞博愛，是之謂新社會之新道德規範。雖然，此種新道德理想決非人類之精神作用所能保其實現，必也物質的技術的生產力發展至於最高程度，而私有資本完全廢止，世界經濟充分擴張，國際衝突完全終熄，戰爭軍備完全廢止，世界平和永久確定之時，而後人類社會方可以言眞自由，言眞平等，言眞博愛焉。

第六節　宗敎之進化

原人生活資料，完全仰給於自然界，大受自然所支配，故非常崇拜自然力，如太陽，電光，天，山，川，樹木及其動物之類，皆爲原人崇拜之對象，此宗敎之起原也。迨後生產技術稍有進步，畜牧及農工業次第發生，社會有階級之分，人類逐漸脫離自然之束縛，乃進而受地位較高者所支配，於是男女之君長，成爲智美愛之化身，而自然神變面爲偉人矣。

爲人矣。希臘人生產技術進步，商工業亦甚發達，當時之世界一變而成爲一般的商業社會，自然物已不能引起人類之崇拜，乃進而崇拜精神矣。大哲學家蘇格拉底與柏拉圖之言曰：自然界已不能引起吾人注意，能引起吾人注意者，唯思想上與精神上之現象而已。此皆生產技術進步之結果也。

羅馬大商業社會未成立以前，多神與自然神猶有存在之餘地，既成立以後，則全世界一切疑問，皆可用唯一之精神的神靈說明之，一切自然神自歸息滅，柏拉圖亞里士多德哲學派中之一神論即其表徵也。故至羅馬帝政時代，而適合當時社會關係之耶穌教遂以誕生，耶蘇教即一神教也。

中世紀封建社會，多階級遞相隸屬，最高峯爲皇帝，其次爲王公，其次爲諸侯，爲小領主，最下級則爲平民與農奴。寺院教會之內部，其階級之區別亦與社會相同，極高峯有法皇，其次自大僧正僧正高僧以至於普通僧尼，而其最下級亦爲農奴與平民。宗教反映社會實狀之適例，當無有更切於此者。

中世紀之末，都市住民因商工業之發展，逐漸得勢，對於貴族僧侶階級占居獨立地位。彼等在經濟上不承認有比自身更大之力量，同時在宗教上亦成爲獨立自由之資本家立於自由地位，故蔑視法皇僧侶，直接對神靈自立，是爲路德加爾文所創之新敎。

資本制度確立，工業之發展正如波譎雲詭，自由競爭日烈，人類之社會關係已非人類自身所能統御。善惡混淆，黑白倒置，在甲爲麵包，在乙爲死滅，資本家吮最後一滴之血液，勞動者忍終身莫贖之苦痛。欲察知此種衝突現象，勢不能不憑藉抽象之神靈姿態以說明之，故大哲學家笛卡兒斯比諾沙萊布尼等人遂謂神靈爲絕大之存在物，萬物均包含於神靈之中，神靈之外一無所有，而宗敎遂成爲抽象不可解之物矣。

近代自然科學異常發達，物質界超自然之神秘已絕無存在之餘地，而資本階級爲痲醉勞動階級計，尙有利用宗敎之必要，而宗敎遂愈趨於靈化，空化，且超脫塵世矣。宗敎之在今日，正如荷蘭郭泰所云，直一無頭之鬼物耳。今日之基督敎會復有一新奇之傾向，卽從事勞動運動是已。基督敎徒往往冒用基督敎社會主義之美名，假借勞動運動之招牌，宣傳似是而非之敎理，直接勸獎勞動者服從資本家之剝削，間接爲資本主義推波助浪，而不知有覺悟之勞動者竊笑於其傍也。

由以上所述觀之，可知現代經濟之進化，已逐漸消滅人類之宗教觀念。宗敎起源，實因人類迷信有一種支配人類不可理解之力而不能不服從之故也。此不可理解之力，在昔日爲自然力與社會力，然在科學發達之今日，所謂不可理解之自然力或社會力已不存在，無產階級所從事之工作，殆無日不役使自然力，更不知有他種神秘自然力足以强迫彼等發生信仰。又彼等雖處窮困之地位，然已確知貧富之差異在生產手段之有無，更不知有他種神秘社會力足以使彼等發生信仰。是故宗教之爲物，在今日之無產階級視之，實等於子虛烏有，所謂『勞動階級無宗敎』者是也。

第七節　哲學之進化

在原始共產時代之社會，生產之狀况極其單純，易於明瞭，人類既爲左右生產之主人，又爲左右自身運命之主人，其能限制人類者，惟『自然』之不可抗力而已。故處乎此種狀態之下，人類之思想，亦極其單純，亦易於明瞭，個人與社會既無利害衝突，因而善惡之觀念不如今日之顯然對立，亦惟有『自然』之不可抗力，尙成爲一種不可理解之神秘力而已。

迨後文明進步，人類逐漸了解『自然』支配『自然』，所謂『自然』之不可抗力，已不能支配人類，於是乃有一種不可抗之社會力，產自社會的境遇之中焉。自有此種不可抗之社會力，人類之生產乃以交換爲目的而不以消費爲目的，人類亦因而喪失其左右自家生產物之能力焉。生產物一旦因交換而脫離生產者之手，則此生產物如河流通，已非原有之生產者所能問問，或轉化而掠奪原有之生產者亦未可知也。至是生產物轉能支配生產者，生產者協力生產之事實，爲猛烈之相互競爭所隱蔽，少數者竟得藉此種隱蔽之力，以享有多數者勞動之結果，而社會之利害始與個人之利害發生衝突，善與惡兩種觀念亦因而互相對立矣。於是多數哲學家乃於此種印象之中，開始編纂其哲學焉。此等哲學家，多係屬於財產階級或支配階級之人，彼等與社會的勞動歷程，全無關係，故於其自身思想之淵源，亦至於不能理解也。

屬於財產階級或支配階級之哲學家，既不能理解其自身思想之淵源，遂以爲彼等之思想係由一種超自然的精神力生產而出，或以爲彼等自身卽具有一種獨立自由之超自然力。此種二元的形而上學之思考方法，雖因時代之不同而變化爲種種之形式，而其迎合當時生產方法之變化則一也。希臘哲學迎合古代奴隸制度之生產方法，基督教與神學迎合中世紀之農奴制度行會制度之生產方法，現代哲學迎合資本主義之生產方法，其形式雖有種種變遷，而此等哲學思想之一貫的特徵，實爲二元論，卽思想與實在，自然與心靈，善與惡等完全判爲兩事是也。此種二元論之哲學思想所由生，實因未能見到宇宙事物確有眞實的相互關係之故。要而言之，此種心理狀態，要不外說明社會之階級對立，因而不能理解社會的生產之性質而已。

近代哲學家之巨擘首推康德，近代哲學之最能表現近代之特徵者亦莫如康德哲學。康德哲學使現象界與實體界相對立，意謂人世有二方面：一爲必然，一爲當然，前者爲現象之我，後者爲倫理之我。所謂現象之我，一切意象，思想，行爲，皆隸科學，須受因果支配，無自由之餘地；至於倫理之我，則有無上權威，發無上命令，不受因果操縱，而有絕對自由。蓋彼以爲吾人心理，對於人生，當望意志之自由，絕非機械之奴隸，故所謂靈魂不死，所謂上帝，所謂自由，皆出於心理之要求，而爲當然之事實也。

康德哲學爲當時資本階級思想之表現。蓋康德之哲學體系，以自由爲中心建築而成，適與當時資本階級渴望經濟的政治的自由之思想脗合，故彼之以自由意志爲倫理學的基礎之哲學，遂成爲法蘭西大革命之反響也。

康德既認定現象之我絕無自由，復主張倫理之我有意志之自由，此種矛盾，果何自而來？此無他，生產兼有社會的性質與個人的性質，康德哲學現象界與實體界對立之矛盾，卽由此兩種生產性質之對立而生之矛盾也。此兩種性質對立發生之矛盾，遂成爲支配人類運命之社會勢力之淵源。此二元之對立，更因貧富之對立而益甚。而貧富階級的矛盾，又成爲幸福的欲求與多數民衆悲慘之矛盾。於是生產組織中所含之矛盾，竟成爲自由與隸屬現象與實體相對立相矛盾之基礎。此康德哲學中之一切矛盾以及一切二元論哲學之一切矛盾所由來也。

如前所述，過去哲學大都屬於財產階級或支配階級之人，彼等依據其特殊階級之社會觀，構成特殊階級之哲學，故立論者代表特殊階級之利益。自十九世紀中葉以來，無產階級思想家蜚出，馬克思之唯物史觀學說，乃確立無產階級之社會觀而與特殊階級之社會相對立。因此社會的生產歷程之性質，及其成爲社會發達原動力之根本意義，遂以闡明。狄更氏更進一步，依據此新社會觀，創建無產階級之哲學，以說明人類之心的性質所以包含於物質的歷程之由來。

依狄更氏無產階級之哲學言之，人類之精神的產物，皆與其社會之物質的狀況有密切之關係，皆受一切外界之影響。蓋決定吾人之經驗者，爲得自外界之印象，由此經驗而生之欲求，遂以形成吾人之意志。吾人之一般的欲求，即吾人之道德的意志。故圍繞吾人之外界，與吾人以印象與欲求。而此印象與欲求，又與吾人以意志與行動，吾人憑藉此意志與行動，轉以變造圍繞吾人之世界。然因意志之指導而起之行動，實顯現於社會的生產歷程之中。如此，故人類得憑藉其行動，以構成自然與社會之發達進化之一大環鎖焉。

此種思想，推翻從來哲學之根柢，可謂爲哲學上一大革命。自有此新哲學，人類之精神，始成爲自然之一部，依一定之法則，與世界其餘之部分，互相影響。故現象界之外，無另立實體界之必要，現象之外實無實體可以存在也。從此哲學成爲經驗之學理，成爲研究人心之科學矣。

『物質世界爲神學的哲學的一切觀念之胚胎。故唯一之實在，除物質世界以外，無尋覓處。人爲物質世界(卽自然)之產物。社會爲人與自然之合體。社會之根本，乃由滿足物質欲求之物質的機關而成立。故社會之一部分人既獨占此重要機關，則被排除於此機關以外之他一部人，卽不能不爲物質之奴隸。然心爲物質之產物，物質的奴隸狀態，同時又產出精神的奴隸狀態。故欲掃蕩此物心兩方面之奴隸狀態，又必須剷除其根本上之物質的原因焉。』此哲學進化之原理也。

第八節　藝術之進化

藝術爲現實社會生活之反映，有陶冶心性鼓舞精神啓發思想之功能。惟藝術之發達，必在人類經濟生活富裕之時，故藝術與經濟生活實有密切之關係，經濟的組織及狀態一有變更，則藝術之內容及制作亦隨而發生變化。自奴隸經濟成立以後，奴隸階級受生活之壓迫，惟救死之不暇，更何有於藝術，於是藝術遂爲特殊階級所獨占而成爲一種世襲財產矣。特殊階級飽食煖衣，復藉藝術描寫本階級之生活實況，詩歌以記功德，繪畫彫刻以形容本階級之莊嚴神聖；於藝術之中寓治嗣之精神，示奴隸以不可犯，此有史初期之藝術實況也。

藝術史上有兩大思潮，卽希臘思潮與希伯來思潮是也。希臘思潮爲肉欲的爲本能的。希伯來思潮爲靈的爲禁欲的。希臘思潮主張自由主義，主張自我之滿足，希伯來思潮主張服從主義，主張犧牲以利他。希臘思潮流行於希臘羅馬時代，希伯來思潮流行於中世紀時代。蓋希臘羅馬爲奴隸經濟時代，權力階級放縱恣肆，驕奢淫逸，故當時之藝術，追求肉欲之荒樂，專任熱情之奔放，吾人試考察當時藝術作品，卽足以想見當時帝王殘忍非道之行爲與夫富人敗德亂倫之狀態也。自羅馬末年至十五世紀爲農奴經濟時代，封建政制與其督敎旨密相結合，貴族階級剝削農民之膏血，而基督敎則勵奬農奴苦力工作，以勤勞之所得奉獻於主人，同時藝術亦採禁欲主義以適合此種經濟組織焉。

新大陸發見以後，新興工商階級因工商業之發展，於經濟上取得重要地位，而當時社會組織妨碍產業之進行，故渴望自由之欲求甚强，於是有文藝復興運動以提倡自由之精神。當時藝術上盛行之古典主義，要不外恢復希臘思潮之自由主義精神而已。十八九世紀之交，產業革命之機運已熟，正工商階級民主革命運動發軔之時也，於是藝術上之思潮遂由古典主義進至浪漫主義。浪漫主義主張個性的權威，棄去法則規範，打破因襲舊套而以無拘束之自由主義爲根本，其內容與性質，與當時革命的工商階級之主張，而相脗合。至十九世紀中葉，資本階級已完全剷除舊時封建勢力，得以自由發展產業，而浪漫主義之思潮遂變而爲自然主義，自然主義，以物質的機械的人生觀爲唯一眞理，此物質的機械的人生觀卽資本階級之人生觀也。

是故藝術之爲物，其起源皆有民衆的性質，自入文明社會以後，則其民衆的性質一變而帶有階級的性質矣。近代所謂藝術，乃少數特權階級享樂之藝術，而非爲慰安大多數平民而創作之藝術；乃少數有教養者所能理解之高級藝術，而非無智識民衆所能理解之通俗藝術；乃職業的專門家所能表演之藝術，而非普通民衆所能表演之藝術也。換言之，近代藝術乃藝術的藝術，非人生的藝術；乃貴族藝術，非民衆藝術也。然在今日，無產階級之覺悟日增，於要求經濟生活向上之餘暇，復要求與民衆生活有直接關係之民衆藝術焉。民衆藝術者，卽洛曼洛朗所謂『喚起偉大之目的，鞏固意志，擴張對於生活之見解，使吾人情緒化爲純潔清深』之藝術也。資本階級之藝術，乃不事生產勞動之人描寫其本階級生活之藝術，與一般民衆之生活無緣，故勞動階級不能不脫離資本階級之藝術而創造與本階級生活有關係之藝術焉。所謂無產階級藝術，所謂社會主義的藝術，皆民衆藝術之意也。『藝術宜根據於生活』，此社會主義文學大家莫里斯之見解也。莫里斯乃主張勞動之藝術化而提倡藝術的社會主義者也，藝術苟完全與生活一致，則藝術的社會主義之理想又何難實現哉？

第十二章　社會階級

第一節　階級之概念

氣稟有强弱，智識有高下，此自然之差異，隨人生以俱來，即至社會主義社會亦不消滅者也。雖然，此種差異，至於能分裂全社會人員爲地位截然不同之兩部分，使其互相對立，則生產力進步以後之社會現象也。方社會的生產力尙未能產出維持全體人員生活必需以上之生產物時，則此種差異相去無幾，任何怠惰者決不能不勞而食，任何强梁者亦不能特別多取給於社會之產物也。且是時種族與種族之生存競爭十分激烈，人類爲自然所逼迫，不能不共同生產，共同禦敵，故社會的本能，非常强大，家族之差異，少壯者之差異，職業上之差異，在社會上決不能惹起互相嫉視之衝突。但生產力一旦增大，足以產出剩餘生活資料時，則形勢驟變。於是社會上特別的個人，或從事特殊職業之個人，能於社會的產物之中，取得多額之分量。此種特殊個人取得多額分量之事實，在最初或屬偶然之特例，然因時會之便利，而有特殊智識有特殊戰鬥力之人員，必至於能永久領有剩餘之產物，此不難想像而知者也。然生產物直接由生產手段而來，凡自由領有生產物之人，必係領有生產手段之人。故特殊階級欲獨占剩餘生產物之時，必須獨占生產手段。獨占之形式不一，有歸治者階級所共有者，有歸該階級中一家族或一個人所私有者。

生產手段之獨占，無論其採何種形式，而社會大多數人員與生產手段相隔離之時，劇變爲奴隸，變爲農奴，變爲工銀勞動者。於是生產手段共有共用之事實消滅，原始共產制因而崩壞，而階級以生。

是故階級由歷史的特定原因而生，而此特定原因存於經濟的構造，實與生產歷程之種類與生產物分配之種類有直接關係。而決定階級關係者實生產力也。

馬克思常以土地，資本，及工銀勞動爲三大系統觀察社會階級，蓋以階級由分配而生者也。生產之社會所得，分配於土地所有者、資本家及勞動者。此種分配之前提，在社會的生產方法之中，地代以土地所有權爲前提，資本利息與企業所得以生產手段與無產勞動者爲前提，工銀以勞動力之價格爲前提。故分配方法與分配關係，乃生產方法與生產關係之裏面，在工銀勞動制度之下，直接從事生產之個人，亦惟以工銀之形態參與社會所得之分配而已。

普通經濟學所研究之分配，專以享樂財之分配爲限，然在享樂財之分配以前，更有生產手段之分配與社會人員之分配焉。所謂生產手段之分配者，卽上述某一部分特殊個人對於生產手段之獨占是也。所謂社會人員之分配者，卽社會人員在生產歷程中之編制，如獨占生產手段者被分配於農工生產事業之管理方面，無生產手段者被分配於農工生產之勞動方面是也。生產手段及社會人員之分配已畢，然後產出種種之財，而有享樂財之分配焉。享樂財分配之方法，則依生產手段之種類與勞動之形式而定，就今日社會所得之分配而言，卽資本家之所得爲利息，企業家之所得爲利潤，地主之所得爲地代，勞動者之所得爲工銀。社會人員如此被分配於生產歷程而構成生產之系統，遂以發生社會階級。

然生產爲分配之正面，分配關係與分配方法爲生產關係與生產方法之反面，故分配由生產而決定。歷史上之社會階級所以常變易其形式者，實因生產歷程之種類與貨物分配之種類而異。普通社會學者，多有謂權力爲決定階級關係之樞紐，卽謂權力爲決定分配關係之樞紐者，而實則不然。例如就征服與革命而論，權力原足以決定階級關係（分配形式）。然勝利者對於失敗者之財產及人員之處置，恆以生產狀況所構成之範圍爲限，不能恣意妄爲。勝利者對於失敗者之土地，或肆行蹂躪，或奪爲己有，或課徵一定貢賦，對於被征服者之人民，或一律屠殺，或作爲奴隸，或作爲佃農，此概由其生產方法能否促進生產利益之標準而定。故征服或革命以後，社會人員在生產歷程中構成之社會的系統，產出一種新階級關係。可知決定階級關係——分配形式——者，仍爲生產力也。

是故所得之差異，財產之差異，職業之差異，均不足以構成社會階級之本質；同樣，貧富之差異，勞動與偸閒之差異，精神勞動與腕力勞動之差異，亦均不足以構成社會階級之本質。而成爲階級之本質者，乃私有生產手段者與除勞動力以外無長物者之對立，此實爲階級之根本差異耳。於此吾人可得一階級之定義曰。

階級者，社會的生產歷程之結果，由生產條件產生而出，因生產手段之分配，及社會人員被分配於生產歷程中所構成之社會的系統而生者也。

如上所述，階級確爲經濟概念，同時又爲與此經濟概念相適應之法律概念及政治概念。是故階級概念宜總合經濟的政治的法律的各方面之內容爲一體，而由經濟的見地鑒定之。法律概念及政治概念中之階級，要不外於意識形態上攫得經濟的系統而已，其與經濟概念中之階級實相一致也。

第二節　法律上之身分與階級

法律上之身分關係，經濟上之階級關係也。然階級與身分，則又顯有區別，苟混爲一談，則階級之概念模糊，不可不察也。馬克思於所著共產黨宣言，曾引羅馬貴族與平民中世領主與農奴之鬥爭爲階級鬥爭之例證，似乎以法律上身分之關係，判定階級之區別者然。因此反對唯物史觀之人竟執此以爲口實，謂現爲民治時代，四民平等，無尊卑之分，無上下之別，階級之區別，今已不復存在矣。是何其不思之甚也！馬克思所以謂身分鬥爭亦爲階級鬥爭者，蓋以身分爲階級在歷史上所表現之特別的形式耳，非謂身分關係能決定階級區別也。

身分之成立，發源於階級關係，此爲歷史上之事實，無容否認。蓋獨占生產手段之階級對於與生產手段隔離而僅恃勞動力謀生之階級，必於法律上設定相異之身分，以維持其經濟之利益。此種身分關係一旦成立，則同屬一階級之人員，有同一之身分，而辨別身分之意識以生；身分平等，則利害關係一致，其親和力亦愈强，而緊切之法律的團體遂以形成。又不同屬於一階級之人員，有不同之身分，而辨別尊卑之意識以生；尊卑定位，則優勝階級有妄自尊大而卑視他人之身分意識，隸屬階級有感知被屈服於他人而思要求平等之身分意識。故法律上之身分意識即經濟上之階級意識，法律上之身分鬥爭即經濟上之階級鬥爭也。此身分淵源於階級關係之由來也。

雖然，階級爲社會的生產歷程之結果，隨社會之經濟的構造不同而變化，至於法律上之身分關係，則視其在生產關係上有無必要，不必與階級關係永久并行也。當奴隸或農奴經濟時代，土地爲主要生產手段，而生穀之土尚未完全開墾，苟無武力强制農奴或奴隸從事勞動，則彼輩勢將另覓生活途徑，生產力必不易發達。故獨占土地者之階級，除於法律上確立私產制度外，又必規定身分關係，明示尊卑上下及自由與隸屬之區別，以强制奴隸或農奴，俾起畏敬服從之觀念，庶不至荒廢生產事業。故身分關係實卽權威關係，特殊階級藉以維持其經濟利益者也。迨至近代，資本成爲主要之生產手段，而土地亦歸豪强所有，資本主義之生產關係，早經確立，其與生產手段隔離之階級，除售其勞動力以外，別無謀生方法，獨占生產手段之階級，僅利用其經濟勢力，卽足以控制無產階級，而發展其生產事業。資本階級在社會上之地位，實不啻王公貴族，固無須假藉法律上之身分關係爲維持經濟利益之工具也。故現代資本階級對於法律上之主張，除確定私產制度及自由競爭兩大原則外，身分關係，卽實行廢除而認定人格上之平等，亦無妨害，以身分之區別在現代生產關係上已失其必要故也。

故身分與階級之差異，全係歷史的性質。身分乃擁護一定經濟利益之法的組織，階級乃直接由此種經濟利益之社會的機能而演成之自然的組織；身分以適合特殊階級利益爲法律的特權，而階級則非法律的特權所能維持，乃由經濟的優勢維持之者也。階級與身分之歷史的差異蓋如此。今也資本主義社會組織既已確立，民治主義之政治亦經實現，一切身分關係完全撤廢，階級與身分之差異昔隨歷史以俱生，今亦隨歷史之進化而撤廢矣。但法律上之身分關係，雖因生產關係之性質而失其必要，然階級之對立依然如舊也。彼適合於階級關係之貴族與平民之身分關係雖遭撤廢，而經濟上獨占生產手段者與隔離於生產手段而傭力爲生者之階級關係至今猶存也。是故身分的統治組織，乃社會階級的構造之上層建築，而此上層建築所由成立之基礎，唯有由當時生產方法及生產利益中探求之，生產方法及生產利益，實構成社會之要素也。此階級與法律的身分之關係也。

第三節　政治的組織與階級

階級概念爲經濟概念，同時又爲政治概念，欲於政治生活上理解政治生活方面之關係，必以階級對立爲前提。階級實構成於經濟方面而活動於政治方面者也。是故經濟上占優勢之階級，即政治上之支配階級也。初期國家爲貴族階級支配奴隸階級之政治組織，封建國家爲封建階級支配工商農奴之政治組織，代議國家爲有產階級支配無產階級之政治組織，勞農國家爲無產階級支配有產階級之政治組織，此政治組織與階級之歷史的關係也。

政治組織與階級關係，略如上述，其詳已於第八章論之矣。茲所欲申述者，代議政治與勞農政治對於階級關係之差異而已。普通研究階級之人，多以經濟的剝削及被剝削之關係決定政治的支配及被支配之關係者，非通論也。經濟的剝削本爲產出階級之要素，然階級由經濟的剝削而生，亦隨經濟的剝削之撤廢而消滅。故階級之消滅，必在經濟的剝削完全撤廢之後。經濟的剝削完全撤廢，則階級亦失其存在，而階級的支配亦隨而消滅。階級的支配之通性，在藉權力以擁護其階級利益。其對於經濟的剝削，在代議國家則爲確認經濟的剝削之形式，在勞農國家則爲逐漸撤廢經濟的剝削之形式。換言之，資本階級之支配，其目的在確認階級關係；無產階級之支配，其目的在逐漸廢除階級關係。故兩者雖皆藉權力以擁護階級利益，而對於經濟的剝削，一則擁護，一則撤廢，實不相同也。

是故在代議國家，有產者對於無產者實行階級的支配，同時勵行經濟的剝削；在勞農國家，無產者對於有產者雖亦實行階級的支配，而同時則撤廢經濟的剝削。顧或謂勞農國家，既撤廢經濟的剝削，則階級應歸於消滅，何以無產者更對有產者實行階級的支配乎？是亦應有之疑問也。雖然，勞農國家之階級的支配，乃以廢除階級差別爲目的者也。在此目的未實現以前，經濟的剝削雖能逐漸廢除，而階級的支配則不能卽時廢止。蓋無產階級獲得勝利之後，雖可以一舉而排除經濟的剝削，將一切生產手段收歸公有，而在一定時期內有產階級仍能存在。彼有產階級之分子，在未完全打消其恢復利益之活動以前，其精神上之階級優越地位仍存在如故也。因此之故，無產者對於有產者雖不實行經濟的剝削，然決不能放棄其階級的支配。故無產者與有產者在代議國家之衝突，卽在無產者征服有產者之後，亦繼續存在。所不同者，權力之分配關係變更，遂以產出國家形式之差異耳。代議國家，有產者對無產者，利用其法律以構成強制的秩序，今勞農國家，無產者亦反其道而行之。前者之階級意識具有經濟的基礎；而後者之階級意識雖無經濟的基礎，而具有同一觀念上之基礎。詳言之，此時之有產階級，其權力雖爲無產階級所剝奪，而彼鉅銀行家企業家地主等之心目中，無時不思恢復其經濟上之勢力，以再造其有產階級之地位，而與無產階級相對立。故此時之階級意識雖非由經濟關係而生，而觀念上則仍不離於經濟關係。此種階級意識果能完全掃除淨盡，則無產階級之支配宣告終結，以後之政治組織與階級全無關係矣，夫然後可以高唱全民政治也。

第四節　現代之階級分析

現代社會階級，依上述階級之概念研究之，可分爲兩大階級，卽有產階級及無產階級是也。兩階級之界限亦有難於分辨之點，蓋似有一中等階級介乎兩大階級之中也。此中等階級之中，有占有生產手段而其自身必須從事工作者，有應用其智識技能從事勞動而其所得頗多者。前者謂之小資產階級，後者謂之準無產階級。是爲現代社會階級之分類，玆分別述之於次。

第一　資本階級　資本階級者。凡屬利用其自身所有之資本，獲得一定形式之利潤以爲生活根源之人之總稱也。故如醫士律師等從事自由職業之人，不恃資本所得爲生活而恃勤勞所得爲生活者，無論其生活如何奢侈，亦不能稱爲資本階級。若夫貯蓄其勤勞所得，而成爲股份公司之股東，或存款於銀行藉以取得收入以充主要生活費者，則資本階級也。蓋股東所分受之紅利，係剩餘價値之一部份：銀行之利息，亦屬剩餘價値之一種形式。自由職業者苟以其爲股東所得之利益，以其銀行存款之利息爲主要生活費，則彼等已成爲資本所有者，而直接間接剝削勞動階級矣，此種形式之自由職業者，應屬於資本階級之列。故資本階級之份子亦可分爲兩部，專恃資本所得營生者爲基本的資本家；一方憑藉資本所得，他方復憑藉勤勞所得以營生者，爲第二級資本家。農村中之自耕農，即第二級資本家也。要而言之，資本階級者係以一定形式剝削勞動階級之人，所謂經濟的剝削階級是也。

資本階級一語，原名爲 Bourgeios，就其語義而言之，此語實發源於 Bourg，即圍以城堡而成者爲都市；Bourgeios，即都市之市民也。封建時代之階級類別，以僧侶爲第一階級，以王公貴族諸侯爲第二階級，包含僧侶貴族之階級，在當時爲上流階級。其次當時中等階級，則指 Bourgeios 而言，稱爲第三階級；最後第四階級，則指賤民奴隸而言，稱爲Proletariat。故 Bourgeois之原義爲中等階級，用以表示單純之市民團體也。然此種 Bourgeios在產業革命以後，遂分裂爲二，一部分經濟勢力膨脹、形成今日之有產階級；一部分經濟勢力失墮，遂降入無產階級之列焉。

現代各文明國，更有所謂貴族階級焉。此等貴族階級，或與有產階級結合，或與有產階級同化，故就社會學的見地言之，不能成爲獨立的社會階級，不過爲有產階級中稍具特色者而已。

第二　無產階級　無產階級與資本階級對立，凡屬出售其勞動力於他人，爲之創造剩餘價值，藉以取得工資維持生活之人之總稱也。無產階級之中堅爲工錢勞動者，彼等提供其勞動力於他人，換得一定之工銀，以爲唯一之生存手段。資本家由彼等購入勞動力，自由消費，藉以造出剩餘價値而占有之。資本制生產之目的，在獲得剩餘價値，以增殖資本。故資本階級因剝削勞動階級而存在，勞動階級因受資本階級剝削而存在。此種社會關係，與資本制生產同時成立，而被剝削者之分子，即無資本之無產階級也，故無產階級與勞動階級，在今日意義相同。

無產階級之原語爲Proletariat，有時亦作爲勞動階級之意義用之。然無產階級之人不皆爲工銀勞動者。無產者之中固亦有積存少許資本薄有所得者，然其所得不特不能維持生活，且其生活費之大部分，爲勞動所得。當其爲勞動者之時，仍須受他人所剝削，即不能不加入勞動階級之列。農村中之自耕農兼佃戶，一面被地主剝削其剩餘價値，一爲藉自家土地以取得農產物，是亦無產者也。

經濟的地位，介乎有產無產兩階級分界線之間者，則有所謂中等階級焉。此中等階級實際上由資本階級中之低級份子與無產階級中之高級份子構成，可分爲小資產階級及準無產階級。所謂小資產階級，皆有一定資本，然不能專恃其資本所得以繼續其生活，必須自行運用之以經營一定企業，藉以取得利潤，始能獨立生活，如手工業者，小工業者，小本商人，及自耕農民等是也。所謂準無產階級，不問其有無資本，必須利用其所修養之智識與技能，從事精神勞動，始能生活，如醫士，律師，官公吏教員等恃月俸爲生活者是也。

此外普通有所謂智識階級，其在經濟上之地位，遊移無定，不能成爲獨立之社會階級。蓋此等智識分子，亦有有產者與無產者之別。卽屬無產智識分子，其生活亦無一定，方其專恃智識所得以謀生之時，固純粹之無產階級也，苟一旦遭逢時會，積蓄其所得，化成資本。且能憑藉其資本利得以獨立生活之時，則由無產階級升入資本階級矣，智識分子既如此遊移不定，故其對於社會之見解亦無一定也。

由以上所述觀之，可知現代社會中各個人之生活無論如何複雜，皆可應用本章所述階級概念，分爲資本階級及無產階級兩大部分，不爲資本階級則爲無產階級而已，窮其究竟，實無中間階級可以存在，所謂中等階級云云，亦不過就其程度上加以分析耳。

第十三章　社會問題

第一節　社會問題之由來

生產力與生產關係互相調和之時，則社會組織安定，人類之生活問題影響於社會根本者甚少，斯無社會問題發生。反是，生產力與生產關係互相衝突之時，則社會組織動搖，人類之生活問題影響於社會根本者甚大，弊害百出，遂以產生社會問題。是故社會問題者，實社會歷程之產物也。曠觀社會進化之歷史，由原始無階級社會而奴隸經濟社會，而農奴經濟社會，而工銀奴隸經濟社會，當其變遷之際，殆無不發生社會問題者，如古代自由民與奴隸，貴族與平民之對立，如中世紀領主與農奴，行東與工徒之對立，其時之人類生活問題，自今人視之，蓋無一不影響於社會之根本者，惟在當時，世人對於此等社會事實缺乏認識，祇視爲政治問題而已，今人所謂古無社會問題云者，蓋非眞無社會問題也。現代社會問題，亦與古時之社會問題同，實乃不安定之社會組織將屆變革時所呈之社會現象也。今請述現代社會問題之由來。

社會問題之發生，遠肇端於印度航路及美洲大陸之發見，近托始於產業革命時代。蓋自印度航路及美洲大陸發見以後，歐洲各國均努力向海外搜尋領土，棄其內部宗教思想之鬥爭，而從事於外部政治的利害之鬥爭。當十六世紀之時，西班牙西向，葡萄牙東向，皆異常努力於拓殖事業。逮十七世紀，西班牙勢力逐漸失墜，荷蘭繼起，與英法大起競爭。由印度而南洋，由南洋而中國，無不傾注全國之力，以爭東洋貿易之利權。至十七十八世紀之交，荷蘭勢力亦逐漸失墜，英法於印度各設立政治的商業會社，爭奪印度之利權。逮一七六四年，英國乃驅逐法國勢力，壟斷印度。當此商業競爭時期，歐洲各國在東洋之貿易，大見發達，歐洲舊式生產方法，畢竟不濟於用，於是生產者窮思殫慮，孜求改良生產機關之方法，而各種機械得以陸續發明，尤以瓦特蒸汽機關出世以後，遂即掀起產業大革命，為人類生活上劃一新紀元。

產業革命之結果，人類之生產，使用動力，應用機械。資本主義於以產生；工銀制度於以成立；工場制度之大企業組織日見發達；股份公司與銀行保險及交通等事業日增繁盛；都會人口之集中；新經濟都市之發生；外國貿易之伸張；經濟上之自由競爭與私產制度以及契約營業繼承財產一切自由之原則，均經確定。於是社會從新裂成有產及無產兩大階級。有產階級剝削無產者之剩餘勞動以增殖其資本，安富尊榮，無所不用其極。無產階級傭力為生，備受生活苦痛，惟服役於有產階級之下，仰賴殘羹冷炙以圖存，而社會組織動搖之徵兆已見。

無產階級之中堅為勞動者，故無產階級之命運，不僅即為勞動者之命運，即同屬無產階級之中，筋肉勞動者之境遇較精神勞動者尤為惡劣。此現代社會中勞動者階級之生活問題，所由最關重要而又最難解決者也。勞動者最感苦痛之事，厥為境遇之不安定。彼等恃力營生，以手餬口，藉勞力所得為唯一之財源，以支持其自身及家庭之生活。其賣力也如賣貨然，職業之得喪，工資之高低，純依勞動之需給關係而定。勞力市場之需給關係，隨經濟界之景況而決，而經濟界之景況，又由紊亂無常之生產交換狀態而出，勞動市況之不定，乃當然之理。是故勞動者之得售其勞動力與否，工資之高低如何，亦屬不可知之數，其對於生存既無安定之望，有不對生活而懷疑懼者乎？勞動者處此不安之狀態，既不能獲得相當之生活資料，亦不能享樂愉快之家庭生活，疾病老衰，一無所備，身且不保，子孫固不暇計也。勞動者境遇之不安有如此。

其次威脅勞動者之生活者，則爲勞動人口之過剩。機械使用之結果，一方雖能促進生產之增加，而他方生產技術上勞動之必要減少，卽無異驅逐勞動者於生產界以外，勞動者愈感受生存之危險。夫生產技術之進步，本爲至可慶幸之事，乃因私產制度及私人的企業分配之故，反使大多數陷於不利之地位，此非現社會制度之大矛盾乎？方今生活必需資料充滿天下，美衣美服盛陳於市肆，食物飲料充盈於倉庫，華屋大廈矗立於城野，然大多數勞動人口，衣不蔽體，食不果腹，居不能避風雨，徒望汪洋之水而不能醫渴，視豐盛之筵而不能療飢也。彼資本家方且高車駟馬，錦衣玉食，窮極奢侈，無所不爲，勞動者窮年作苦，資本家坐享其成，世界最矛盾事，固有甚於此者乎？推其所以致此之由，實自由競爭與私產制度爲之厲階，抑卽人類生活影響於社會根本之社會問題所由來也。

第二節　社會問題之性質

人爲社會的動物，其生活除極私的部分以外，殆無不影響於社會關係，此影響於社會關係之人類生活，恆發生多種之問題，其中最影響於社會組織及進化之根本者，則稱之爲社會問題。社會問題，原與其他人類生活問題無異，其所以特稱爲社會問題者，以其最足以撼動社會組織及進化之根本耳。任何生活問題，苟其影響至於能撼動社會組織及進化之根本，羣起而講求解決之方策時，即足以構成社會問題。勞動問題固爲最顯著之社會問題，而勞動問題以外，亦有社會問題存在。是故社會問題云者，卽構成社會之各階級間發生妨害社會發展之關係，因而釀成不能不講求解決方策之人類生活問題也。

社會問題之內容如何，玆爲便於說明起見，特就社會問題中最顯著之勞動者社會問題，略述勞動者之生活狀況於次。

第一、勞動條件之苛酷　自資本主義盛行，工場工業代小規模之工業而起也，勞動者之勞動條件，遂愈趨於苛酷矣。勞動者之於機械工業，與其謂爲使用機械之人，不如謂爲機械之奴隸，其勞動非常單簡，易生疲倦，其工作隨機械之運行而繼續運用其體力，機械之運行不懈，工作者勢不免勞力過度。且機械工業及工場工業，與從前之手工業及家內工業不同，需用大宗固定之資本，企業者盡力之所能及，利用其資本以增大其利益，舊機械之效用不宏，則棄舊而圖新，機械晝夜運行，勞動時間愈延長，而勞動者之疲勞亦愈甚。

產業革命以前，勞動條件雖非由勞動者與企業者自由締約而定，猶能藉主從之溫情關係，以保障其最低限度之生活。逮自由主義行，而勞力成爲商品，無資產之勞動者，因生活之威脅，易爲資本家所乘，重以機械工業減少勞力之需要，分業之應用，促進工作之單純，婦女靑年亦能勝任。於是企業者競用不熟練工人以圖生產費之節減，一般成年勞動者遂不能不甘屈服於低廉工資之下，以圖苟活。其結果勞動人口過剩，乃產生所謂產業預備軍，而工資遂愈趨於低下。加以工場設備不周，妨害衞生，致釀成國民衞生上惡劣之結果，又因婦女靑年勞動及午夜工作之故，而勞動者之家庭生活因之破壞。此勞動條件苛酷之一斑也。

第二、地位之降低　產業革命以前，傭工圖活之勞動者固非少數，而未有如今日之超過人口過半數以上者。且前此所謂勞動者之徒弟及職工，日後猶有升爲店東之希望，今則商工業發達之結果，企業集中，中小企業逐漸減少，資本之所有與經營之自由，概集於少數有產者之手，大多數喪失其舊日獨立之地位，不得不降入工銀勞動者之列。於是此等占人口大多數之勞動者，依產業之分布，被廹而營團體生活，遂發生一種自覺，利害相同，感情一致，獨自構成一階級，而與有產階級相對峙。有產及無產兩階級之對立，形成現代最顯著之社會現象，兩者之地位，隨經濟之發展而懸隔愈大矣。

第三、生活之惡劣　勞動者不僅感受物質上之痛苦，即精神上之墮落亦所不免。自由主義既成爲經濟組織之原則，舊日一切拘束完全打破，有產者取得產業之自由，勞動者取得飢餓之自由。在所謂自由契約上協定之工銀及其他勞動條件，悉予勞動階級以不利，勞動者勞力所得之收入，不能維持動物之生活，而其勞力之橫被搾取，漫無限制，一旦力竭身毀，即視同土苴，舊日雇傭間之家族溫情關係，已被自由之美名破碎無遺，勞動者終於傷病老廢以死，散失其生活保障。加以工場生活，影響衛生，羣聚於黑暗汚穢之室中共同操作，工時延長，迄無休養之暇，勞動者處此種狀態之中，救死不暇，更何論於高尚之精神哉？

勞動者社會問題如此，其他社會問題亦莫不然。要而言之，現代社會組織之兩大原則，爲私有財產與自由競爭，此兩大原則之實現，遂至驅使大多數人陷于無產階級地位。彼大多數無產者，因生活境遇之壓迫而產生階級覺悟演出階級鬥爭，終能解决撼動社會組織與進化之根本之社會問題，進而造成合理之社會組織，促成社會合理之進化，乃必然之勢也。

第三節　社會問題之種類

社會問題之種類，舊有廣義與狹義兩種解釋。廣義之社會問題，卽與社會制度全體有關係之問題；狹義之社會問題，卽產業制度中之勞動問題。世人有以社會問題與勞動問題相提並論者，但就狹義以解釋社會問題，卽爲勞動問題。於勞動問題之外，更加入婦女問題，卽爲廣義之社會問題。本書於上述兩種解釋之外，覺更有一種社會問題爲吾人所不可忽視者，則爲準無產者社會問題。今以次略述於下。

一　勞動者社會問題　社會問題之特徵，因經濟發展之程序而異。現今文明社會中最顯著之勞動者社會問題，實爲工業勞動者問題，農商業次之。工業勞動者問題已如前述，茲僅述農商業勞動者社會問題。

農業勞動問題，在農業未經資本主義化以前，其顯著尚不如工業方面之甚。蓋在農業方面，地主中有大地主小地主與純粹勞動者之分，而以勞動者兼地主之自耕農亦復不少，地主與勞動者之區別不易明瞭。且地主與勞動者之間，因土着之關係，保存多少情誼，故農業勞動者之生活，尚不如工業勞動者之惡劣。自農業資本家挾其資本之力，應用農業器械，雇用多數勞動者開辦大規模之農場，則資本家與勞動者之關係大異其趣，而農業勞動者問題，遂與工業勞動者問題無殊矣。

至於商業方面，在以前亦無顯著之社會問題。因商業之規模不易發生階級自覺，故無組織團體對抗雇主之事。且其工作之種類多屬於智力勞動，與從事力役之普通勞動者不同；其地位亦乏固定性，得因時勢之變遷，有成爲獨立商人之望，不若工業勞動者終身固定於勞動階級也。且在小規模商業時代，雇主與使用人之間，保存一種家族的情誼，使用人之生活猶得最低之保障，故無顯著之社會問題發生。時至今日，商業之規模，隨經濟之進步而愈益擴大，中小企業者之獨立，漸形困難，商業使用人之地位，亦如工業勞動者有永久固定之傾向，隨自由競爭之盛行而失其生活之保障，而商業勞動者社會問題遂以發生。其程度雖不如工業勞動者之甚，而其同爲一種社會問題，則了無疑義。

二　婦女社會問題　婦女社會問題可分兩種：其一爲普通婦女問題，其二爲婦女勞動問題。普通婦女問題即婦女要求社會承認與男子享受同等權利之問題；婦女勞動問題即從事勞動之婦女擁護其爲勞動者之利益之問題。普通婦女問題以要求除去社會生活上男女差別之待遇爲主旨，屬於人格問題；婦女勞動問題以要求勞動之解放爲主旨，雖同屬於人格問題，而其重心點則屬於經濟問題。故普通婦女問題與婦女勞動問題截然相異，宜分別說明之。

普通婦女問題之發端，亦在於自由之要求。蓋啟蒙運動之結果，能誘致一般文化之進步，促進個人之覺醒，因而人格之自由與權利之尊重，遂爲社會各方所唱道。然當時婦女在家庭及社會之地位，較男子非常低劣，婦人在家庭中爲妻爲母爲女子，不僅不受社會之尊重，且大受自由之束縛，結婚之選擇，悉受父母干涉，在家則爲父母之所有物，出嫁則爲夫婿之所有物。處此時代潮流之下，婦人之不甘受苛虐待遇，乃勢所必至。

是以先覺之婦女起而從事女權運動，要求社會上法律上政治上經濟上之男女平等，更進而要求解放家庭之束縛。且值產業革命之時，工場工業代家內工業而起，家庭以內之生產業務逐漸縮少，婦女之家庭勞動僅限於消費方面，而舊日從事生產事業之婦人，其勞動力亦大有餘裕。婦人對此有餘裕之時間如何消遣，實有最重要之意義，故當時有覺悟之婦人，所以不甘跼促於家庭之內，徒費光陰，至出而從事社會的運動，此普通婦女問題之由來也。

婦女勞動問題，因自由思想之勃興及產業革命之影響而生。普通婦女問題殆屬一種廣義的文化運動，故由中流以上之婦人指導之；而婦人勞動問題屬於經濟問題，故由婦女勞動者主持之。產業革命以後，家庭生產事務趨於閑散，中流婦人則出而參加婦人運動，消遣光陰；下層婦女則出而從事工銀勞動，彌補家用。機械工業能減少熟練勞動之價值，資本家方面反以低廉之婦女勞動爲有利，因此婦女勞動者之數日增，勞動之供給豐富，其結果遂致工時愈延長。工銀愈低落，保護救濟等施設愈不完全，更予勞動婦女以難堪，而婦女勞動題問以起。故婦女勞動問題雖爲對於男子之特別問題，同時又爲與勞動者共通之問題。婦女勞動者一方要求同等勞動之同等工銀，要求保護產婦，要求男女勞動組合之平權；同時又與男勞動者共謀勞動條件之改善，更以階級的意識協謀現代經濟組織之改造。故婦女勞動問題根本上實與男子勞動問題無異。

三　準無產者社會問題　準無產階級與中產階級完全不同。後者由手工業者，小工業者，小本商人等中小企業家及自耕農構成之，在經濟上尙占有獨立地位；前者則由獨立自由職業者及使用人等構成之，於經濟上處於隸屬之地位。使用人中如官公吏或教員之類，則隸屬於國家及其他公共團體；如會社員之類，則隸屬於私立社會，此外如醫士律師等自由職業者，在經濟上亦不能獲得獨立之資格。中產階級依一己之計劃，自負經營事業之責任；而準無產階級特赤手以營生，絕無恆產。準無產者之中，固有可以認爲屬於中產階級之有產者，有蓄積資產而得升入有產者之列者，然其數實屬最少，直可謂爲例外。故經濟上之得獨立與否，實爲中產階級與準無產階級區別之特徵，準無產階級即謂爲純恃其所有之智識與技能以維持生活之階級，亦無不可也。

準無產者之數，至最近隨產業之進步而驟見增加。私人企業之擴大，國家及其他公共團體政務之膨脹，自由職業範圍之擴張，因而技師事務員官公吏教員醫士律師等之數亦隨而增多。此等準無產者，在昔時爲數較少，頗得資本家或權力家之優待，代爲擁護其社會的經濟勢力，故其地位安全，生活鞏固，今則其數驟增，有產階級不能完全採用，不能不受需給原則之支配，除少數因緣機會得維持其地位者外，多數則不免感受生活不安之痛苦。故現時準無產者，其地位雖較普通勞動者稍高，而實際所得收入倘有不如者，生活之艱難，失業之危險，殆無時不威脅於其傍，此準無產者社會問題所由生也。

有產階級非得準無產者智力之援助無以謀事業之維持，無產階級非得準無產者策略之指導，無以謀團結運動之發達。故準無產者謀生之方法不出兩途，不供資本家驅策，即與勞動者爲友。又如準無產者之現狀，實際上與普通勞動者無殊，然社會公衆僅知承認普通勞動問題而忽及準無產者，國家救濟之設施，亦然。準無產者一旦陷於傷病老廢或失業之狀態時，即失其經濟上之保障，其危險殆與普通勞動者相同。準無產者處此狀態之下，亦自知警惕，而求所以解決生活問題之方法。惟此準無產階級不若勞資兩階級得以自身之力量，構成擁護自己階級之理論，而增加其運動之實力，故欲求解決其自身之社會問題，即不能不加入無產階級，協力運動，以謀社會組織之改造。準無產者之社會問題亦不容忽視也。

第四節　中國社會問題之特性

海通以前，中國經濟自給，農業及手工業方面，尚無顯著之社會問題發生。海通以後，歐西資本主義商品，挾武力以侵入中國市場，源源而來，日增不已，中國固有農業及手工業經濟悉被擾亂。降至滿清末葉，中國一部分小資產家，始知仿效歐西資本階級，採用新式機械，從事殖產興業，中國乃入於產業革命時期。在此產業革命時期中，各工業先進國之資本階級，挾其大資本之威力，壓迫中國小資本之發展，壟斷中國之市場。中國之銅牆鐵壁，不能抵禦資本主義之侵蝕力，橫覽禹域，雖窮鄉僻壤，殆無不有資本主義商品之足跡。其結果竟使中國手工業失其獨立之地位，而農村生活，亦因購買機製商品代替手製商品之故，而達於不自然之高度，彼無數失業之手工業者，進不能傭工於大規模之工廠，退亦不能操業以自給，生活艱難之呼聲瀰漫於城鄉市野，而民不聊生矣。彼歐西各國昔日之手工業者處產業革命之時，雖不能自立營業，猶得入新式工廠充工錢勞動者以維持其動物生活，今日中國手工業者失業時，雖欲求爲機械之奴隸亦不可得。於是中國種種社會問題，遂偕資本主義商品以俱來，推原其故，約有四端。

一曰，資本主義以中國爲逋逃藪也。資本主義之在歐西，至十九世紀中葉，已達極盛時代，據馬克思之推測，當時資本主義實已自掘墳坑，屬纊有日，而不意世界尙有如許殖民地及半殖民地爲其避難之所也。惟其如此，故若輩資本階級尙得繼續擴大其企業，增加其製品，悉運以銷納於此等殖民地與半殖民地，一以圖資本之繼續增殖，一以安插國內失業工人，藉以緩和勞動階級之反抗。試一翻中國對外貿易之統計，機製商品之自外輸入者每年不下十萬萬元，此十萬萬元之機器商品皆中國人民所消費者也。苟於中國境內製造此十萬萬元之商品，勢必設立數千或數萬之工場，而能容數百千萬之工人。中國境內苟有如許工場容納數百千萬工人，即令剩餘勞動爲資本家所掠奪，猶得維持其最低之生活。無如此等工場遍設於英美日法諸國，傭工於此等工場者乃爲英美日法等國之人民，中國人民欲求插足焉不可得也。

二曰，大資本壓迫小資本也。大資本壓迫小資本，乃自由主義經濟組織之原則，中國產業之不發達，雖由於小資本家缺乏殖產興業之能力，而其主要原因，實受此原則之支配。彼强有力之外國資本階級，既欲壟斷中國市場以銷其剩餘商品，勢不能不利用其大資本之威力，操縱產業金融，橫施壓迫，中國小資本階級欲與强有力之外國大資本階級戰，猶幼兒之鬬成人，失敗立見，歐戰期內中國初興之纖維工業至最近而橫被摧殘者，職此之故。國內產業既無由發達，斯不能吸收多數失業之工人，中國失業問題，所以成爲社會之大患者，此其大原因也。

三曰，不平等約條之爲厲也。中國名雖爲獨立國家，實則爲帝國主義國家之半殖民地。彼帝國主義國家挾政治勢力爲經濟侵略之嚮導，乘中國政治之紛亂，强迫與之訂立無數之不平等條約，取得政治上經濟上之優越勢力，監督我財政，占據我海關，操縱我金融，助長我內亂，陰險狡詐，無所不至，其唯一目的，蓋不外永遠使吾國成爲若輩銷納資本主義商品之市場而已。長此以往，中國實業永無發展之望，斯擾亂社會之失業問題，永不能解決矣。

四曰，內亂之不甯也。淸末以還，中國內亂如麻，軍閥跋扈，殘民以逞，人民處水深火熱中，兵燹頻仍，飢饉薦至，彼軍閥者猶復多方剝削，虐取於民。十里一關，五里一卡，統一無期，而商人裹足矣；爭城以戰，爭地以戰，和平破壞，而工業窳敗矣；田賦預征，苛捐百出，秩序紛亂，而農業不振矣。秩序和平與統一，為發展產業之三大要素，今以內亂之故，蕩然無遺，更何望產業之發展耶？農不能安於野，工不能安於市，行旅不能安於途，匪盜遊民，隨處皆是，民不聊生，莫此為甚。此在昔日雖屬政治問題，而在今日則成為最大之社會問題矣。

基於以上數端，故中國社會問題雖亦同為資本主義之產物，然其發生之理由，乃因產業之不得發展，與工業先進國因產業發展過度而發生之社會問題大不相同，此其特性也。其次再就各種社會問題之內容述其特性之所在。

中國社會問題，亦可分為勞動者問題婦女問題及準無產者問題三種，勞動者問題又可分為工業勞動者問題，手工業失業者問題，商業勞動者問題及農業勞動者問題四項。四者之中，商業勞動者問題不甚顯著，而其餘三者則不然。工業勞動者問題與工業先進國無殊，惟因勞動法尚未頒發之故，勞動者不絕受特別之犧牲，尤以傭工於外人所設立之工廠者爲最甚。彼輩偸生求食於國際資本家之手，國際資本家利用其特殊政治勢力，待遇異常殘酷，稍不如意，鞭責相加，有反抗者則槍斃處死，莫敢誰何，遠不如彼等對付本國勞動者之猶知畏法而不敢肆無忌憚也，是爲中國勞動問題之第一特性。其次如失業一事，各國手工業者，在產業革命時雖所難免，然彼等失業者猶得售勞力於資本家以取得職業，而中國之手工業者一旦失業，則不易取得職業，往往流爲盜匪，是爲中國勞動問題第二特性。至於農業勞動者問題，在中國機械農業未發達之今日，固無顯著之點，然以農村生活受資本主義影響而引起農村經濟破產之故，農村勞動者，雖窮年勞動，亦不能贍養身家，壯者散之四方，弱者轉死溝壑，此亦他國農村勞動問題所無者也，是爲中國勞動問題第三特性。

中國家族制度，特別謹嚴，禮敎之束縛，家長之專制，爲世界各國所未有，近自歐化東漸，而婦女問題亦與其他社會問題同時幷起。中國婦女社會問題，亦可分爲普通婦女問題與婦女勞動問題兩方面言之。就普通婦女問題言，最顯著者莫如婚姻問題，其次爲參政問題。中國女子在法律上無繼承財產之權，中流婦女之地位雖較下層婦女爲優，而其同爲無產者則一。經濟上既不能自給，欲求婚姻之自由，不可得也。中國子女教育不甚發達，且以產業幼稚之故，工商界不能吸收有智識之女辦事人，女子殊難取得服務社會之機會。此中國普通婦女問題之特性也。次就婦女勞動問題言，亦自有其特別之點，蓋自手工業被資本主義商品壓迫之後，農村婦女之生計大受影響，不能不羣趨都市以謀生，惟女子所操之工作及其所受之工銀，較男勞動者尤爲低劣，且因勞動法尙未頒布之故，女工所感受之苦痛，特別重大，此亦中國婦女勞動問題之特性也。

中國準無產者問題，亦自有其特性在。蓋此輩無產者，在工業先進國係應產業發達之要求而出，後因人數太多，供過於求，以至不能盡量容納。至受生活困難及失業之壓迫，而成一種社會問題。中國則不然。中國產業雖不發達，而此輩具有工商業使用人及官吏教員醫士律師等智識技能之人才，無不應有盡有，徒因產業幼稚之故，未能盡量採用，加以軍人跋扈把持，狼狽爲奸，親戚故舊雖目不識丁亦爲官公吏，而有專門智識者，反在擯斥之列。故彼輩準無產者，縱有特別智識亦無所用，爲生活故，不能不盡棄其所學，獻媚權門，希圖取得升斗之祿以瞻養身家，否則亦惟有終於受生活之壓迫而老而死已耳，此中國準無產者社會問題之特性也。

第十四章　社會思想

第一節　自由主義

社會思想者，解決社會問題之根本思想也。本書所研究之社會問題係現代社會問題，故所論解決社會問題之根本思想，實即現代社會思想。社會問題又爲社會階級的問題，故所論之社會思想，實卽階級的社會思想。現代社會裂成有產無產兩大階級，社會思想之種類，就實際上類別之，可分爲有產階級的社會思想及無產階級的社會思想兩大派；就形式上類別之，可分爲自由主義保守主義改良主義社會主義無政府主義五大派。自由主義爲現代社會組織之根本思想，成爲自由主義之反動而出者，則爲保守主義；反自由主義及保守主義而起者，則爲社會主義及無政府主義；立於兩者之間以謀調和者，則爲改良主義。玆依次先述自由主義。

現代社會組織之兩大根本原則，爲私產制度及自由競爭，自由主義之理想，卽充分實現此兩大原則者也。自由主義因反抗重商主義之惡弊而起，倡之者爲法國重農學派，修正而完成之者則爲亞丹斯密。繼承斯密氏而更趨激烈者爲英國曼徹斯特派；努力實現此主義者爲德國福來罕得派。自由主義各派之主張不必相同，而其奉『個人絕對自由』六字爲金科玉律則一也。自由主義之根本觀念，一言以蔽之，即認定社會與自然受同一法則之支配是。個人之在社會中，尤宜發揮其個性，根據自然情感，依本性之要求而活動。斯能獲得人生圓滿之幸福。換言之，個人依自己之判斷而認爲至善者，即循此至善之方向進行，以遵從自然法則之命令，斯足以獲得精神上之滿足，享受物質上之幸福。各個人能獲得精神上之滿足，享受物質上之幸福，即社會全體求滿足求幸福之大道也。

自由主義由此根本觀念出發，經濟上則主張各個人應擇其最有利於己之事行之，務期獲得最大之利益，各個人能獲得最大之利益，即社會全體最大之利益；法制上則主張排斥國家之干涉，務使各個人得以充分自由發展其個性，以期達成最大多數最大幸福之目的。故自由主義之經濟政策，農業方面則主張實行土地所有之自由，土地抵當之自由，土地繼承之自由，並要求農民之解放；工業方面則主張實行企業之自由，擇業之自由，遷徙之自由，勞動契約之自由；商業方面則主張實行貿易之自由，商品價格之自由，對外交通之自由，人及貨物移轉之自由。是故自由主義行，而舊日社會組織遂完全改變而成爲自由主義社會組織。自由主義實行之結果，資本主義遂以確立，階級懸隔遂以顯著。一切生產關係，完全由有產者利用資本方法之如何而定，而自由主義社會組織，遂又化成資本主義社會組織矣。

最感受自由主義之弊害而認爲有切膚之痛者，厥爲無產階級。無產階級對於自由主義極力反抗，以致勞動問題成爲最根本之社會問題。然自由主義者對於現代社會問題異常忽視，以爲社會問題可以委諸個人之自由行動，聽其自然解決；以爲自由競爭乃自然之勢，弱者應受強者虐待，貧者應受富者剝削，多數者應爲少數者犧牲，故對於勞動問題不僅不謀設法解決，且愈增其紛糾之程度。

自由主義爲鞏固其根據起見，又建設多種之理論，其主要者有三。其一爲馬爾薩斯人口論，謂下層人民之經濟地位，縱能用人爲方法提高，而其結果反使彼等人口增殖，勢必再降入同一之地位；其二爲工銀基金說，謂勞動者之工銀決非人爲方法所能增加，其三爲進化論之應用，謂自由競爭係根據優勝劣敗之原則而行，足以促進社會之進化，非人力所能左右。三者之中，工銀基金說之謬誤，顯而易見，不攻自破。其次人口論之主張，依各文明國出產率之統計觀察之，近年來下層人民之出產率，反因工銀之增加而減低，與馬爾薩斯所慮者完全相反。至於優勝劣敗之原則，僅能支配動物社會，而動物社會並無有採用自由競爭與私產制度兩大原則以組織社會之事實，進化論又奚能無條件應用於人類社會耶？

時至今日，自由主義之弊害，洞若觀火，除少數有產者外蓋無有支持此主義者。且自由主義之使命已告完成，即屬有產階級亦無鼓吹此主義之必要，於是乃有所謂新自由主義代興。新自由主義亦奉『個人絕對自由』為金科玉條者，惟標榜正義與友愛之美名，如伊里氏所謂欲藉國家立法之公的活動與勞動團結之私的活動以促進積極的自由者是也。排斥國家干涉之自由主義者而借助於國家，其殆受近世改良主義之影響者歟。

第二節　保守主義

反自由主義運動之先驅為保守主義。感社會之不良而追懷過去，乃人性之常。彼舊日特權階級因感受自由主義之弊害，起而組織保守黨，從政治上反對自由主義，亦理所當然者也。保守黨提倡保守主義之動機，實際上雖因自由主義侵害其利益，致喪失其在國家與社會上之勢力而起，然亦自有其理論上之根據。保守主義理論上之根據爲何，卽對於國家本質及人類天性之觀察，有與自由主義不相容之意見是也。

自由主義主張個人有平等自由，保守主義則反是。保守主義以爲個人無論在原始社會或文明社會，決非平等，保守主義論者哈萊氏攻擊自由主義之言曰：世人所謂『人類自然狀態並無社會秩序，各個人均具有絕對無拘束之自由與平等』者，決不合理。人類自始卽分上下階級，一方自由，他方隸屬；一方有權力，他方則服從之，此其自然狀態也。各個人社會的地位之所以懸殊者，實由於各個人肉體上精神之天稟與生活上之境遇而異，天稟弱者自當服從於强者，故强者享受自由與權力，弱者唯有隸屬與服從，此皆基於自然之法則而生，決非偶然之事。年長者，强有力者，富者，賢者，智者，在其生活範圍以內，均有支配他人之權，權力之支配力，實乃人類生活上自然之產物。惟權力與服從之關係，亦無永久之性質，自由可變爲隸屬，隸屬亦可變爲自由；強者可轉成弱者，弱者亦可轉成强者，入主出奴，變換無常，唯不能同時享受同一程度之自由而已。

共和國家權力常歸強者所掌握，即此故也。此保守主義之人性觀也。

自由主義以個人爲目的，以國家爲手段，保守主義則主張國家主義。保守主義國家學者牟拉氏謂國家爲最有價值之發明，能排除種種不便，人苟無國家即不能生存，人生而編入於國家組織之內，決不能脫離其關係。國家非單一之製造所，非農園，亦非保險公司或商業會社，國家乃結合國民之內部的及外部的生活而成立之一大完全體，自有其特別之活動力，無限活動，永久生存。國家不僅爲現時生存之國民之結合，且爲國民世世之結合。國家離個人而自有其目的，故國家立於個人之上，爲政者應努力爲社會全體謀永久之利益，增進其物質的財富，并提高國民之精神的快樂及其慾望。然欲達上述之目的，則必須以國家爲單位，而不能以個人爲單位。蓋國民之利益雖有爲暫時的，而國民全體永遠之利益，則惟國家能保全之。此保守主義之國家觀也。

保守主義根據其獨有之人性觀及國家觀，在經濟上認定階級的差別，主張各個人經濟活動之所得，須由各個人自己享有，方符向上之動機，公平之分配應相當於各個人之能力，故其經濟政策，有下列各種特色，第一，承認現社會及個人之既得權。謂現社會中存在之特權，苟於大部分國民無害，各個人之既得權應當承認。蓋既得權雖得以法律變更，而在可能範圍內，須加以保存，不許用暴力侵害。特權而苟有害於國家者，亦僅能以法制之力徐圖廢止之。第二，主張差別的政策。謂各個人既不平等，則各個人之價值宜據此以估定之，而估價之標準，則在於財產職業及教育等項。即各人之價值，不在其赤裸裸之個人如何，而在其職業財產教育等之如何。有職業，有財產，有教育，則其人之名譽與權能，因以決定。是故自耕農優於佃戶，店東優於職工，市之公民優於其他都市之住民，宗教家優於鄉村之住民，無往而非差別也。第三，主張團體的政策。謂對於各種職業階級應予以特別之權利，都市與農村應顯為區別，故宜設立職業組合及地方團體，給以自治之權，各個人宜先結成團體，再以團體一分子之資格，隸屬於國家，不得直接隸屬於國家。

以上所述保守主義之經濟的主張，其綱領並無一貫之系統，若視為一種教義，尚缺乏理論的斷案，蓋以現存之法制上經濟上道德上宗教上諸傳說為其內容者也。篤信此主義者，寧為大小地主及貴族宗教家之流，彼等既反對資本主義，又反對社會主義，其為資本階級及勞動階級所嫉視也固宜。故保守主義者爲維持其在社會上之勢力計，遂進而努力於社會政策之實行，以博取民衆之歡心焉。

保守主義爲防止商工業之畸形的發展，主張由國庫補助農民自營自助之能力；爲防遏農產物之輸入，主張保護關稅主義。又因新式大企業能促進貧富之懸隔，故欲維持舊日手工業及小本商業之小企業，一方謀此等小企業之發展，一方講求防止大小企業競爭之方策，而主張對大企業課徵特別之重稅。簡單言之，保守主義之理想，在維持農業而不任商工業之跋扈，在維持小企業使與大企業對立而已。

其次保守主義者既不忽視工場工業在生產上之功績，亦不默視資本主義在社會上之弊害，故對於勞動者之救濟事業頗爲努力。惟其所採之方法，只主張由國家實行勞動者保護政策，而不同情於勞動者結合團體反抗雇主之運動，此其與社會改良主義不同之點也。

保守主義之根本觀念，在排除自由平等之原則，使社會關係恢復舊態。惟據吾人觀察，自由平等之原則，在現社會並未實現，現社會所謂自由，所謂平等，僅有片面的意義，乃有產階級之自由平等；於無產階級無與也。無產階級雖日夜呻吟憔悴於片面的自由平等原則之下，然無時不渴望眞自由眞平等之實現。昔日有產階級應用片面的自由平等之原則，以打破封建階級之勢力；他日無產階級亦必應用眞自由眞平等之原則，以打破有產階級之勢力。片面的自由平等原則可廢，眞自由眞平等之原則又烏可廢耶？至於近代物質文明本爲現今社會罪惡之淵源，然其弊在資本主義之猖獗而不在工業之發展。生產力之發達爲社會進化之原動力，苟能改造社會組織，未始不能使大多數人享受物質文明之幸福也。

第三節　空想的社會主義

社會主義爲現代資本主義經濟組織直接之產物，所以謀人類之生存幸福而以廢除私產爲目的者也。社會主義者圖謀解決社會問題時感受暗示之思想，起源甚古。蓋有經濟的征服與被征服之事實發生以來，其必然之結果，而社會主義思想遂寄生於當代先覺者之頭腦中，魯里亞所謂『空想的社會主義之起源，消在古代雲霧中，古代詩的形式中之社會主義，實與當時貧人最初被絞出之淚並生』者是也。中國與印度以及希臘羅馬之古代哲人，大都皆有社會主義思想之人。如孔子之大同說，老子之無爲說，許行之並耕說，如印度釋迦打破階級之觀念，如希臘柏拉圖之理想國，均不失爲一種社會主義思想。羅馬時代社會主義思想甚少，耶穌教於上帝之前倡個人平等，及財產所有平等，亦包含社會主義之主張。中世紀社會主義思想，與古代同，皆爲消費方面之共產主義而非生產方面之共產主義，且含有宗敎之色彩，皆根據基督敎之信條或敎理而生者也。

洎乎近世，社會主義思想，基於人道主義而生，大都用烏托邦之小說形式，以發表其所抱負之理想。最著者爲摩爾之『理想國』，康巴拿拉之『太陽都市』，哈林東之『大洋州』，皆非根據事實之空想而已。至於稍切實際之社會主義思想家，則有毛勒里馬布利華維爾巴比等一流人。

降至十九世紀初葉，聖西門傅立葉路易布朗阿文等相繼輩出，遂爲科學的社會主義之先導，其影響於世人之社會觀及國家觀者甚大。蓋在當時資本主義盛行，社會問題日益顯著，故此等社會主義者之主張，頗能言之有物。聖西門之主義帶宗敎色彩，所著『產業問答』及『新基督敎論』謂當時資本階級雖推倒貴族，增高地位，而勞動者則未受實惠。勞動階級爲一切財富與進步之原動力。宗教本義，在謀此等勞動階級精神上物質上之幸福，在增進全體人類之福利。故自由主義經濟組織應當廢除，各盡所能，從事勞動，準據勞動以行分配，而產業制度應化爲軍事組織。聖西門此種主張，頗含社會主義之精神，頗得時人之信仰。傅立葉著『新產業世界』及『國內農業公會論』等書，唱聯合社會主義。彼謂一切財富原爲各人幸福之根本條件，而現社會多數人反爲貧困所累，自由主義更從而推波助瀾，愈促貧困之增加。又當時農工業及私人經濟：各自爲謀，大阻害生產之進步。個人競爭互相軋轢，徒耗實力，故世人宜避去此不良之結果，共謀增進生產力，使各個人各得自由發展其實力建設大規模之勞動。人皆有勞動之天性，此種聯合苟能充分擴大，則一切必需勞動皆能任意爲之，勞動效果愈大，各人愈樂於勞動。爲謀達此目的，莫如由個人組織『法蘭知』之共產團，共同生產，所得之產物，按資本勞動與技能三者依五與四與三之比分配之。如此則各人皆有勞動義務，皆有依其嗜好以選擇職業之權利，貧富之懸隔不致過甚，而社會之貧困與不幸可除矣。此傅立葉之思想也。傅立葉之高足孔西德蘭對於社會主義亦有貢獻，即對於勞動權之主張是也。勞動權云者，即謂有勞動能力有勞動意志之人而不得依勞動契約由私人獲得工作時，有要求國家或公共團體給以工錢勞動之權利是也。傅立葉謂勞動權非在彼所定之社會改造案實現後，不易見諸實行。而孔西德蘭則謂社會苟不承認無產者有勞動權，則私有制度不能保持安全，無產者生活艱難，必起社會革命。勞動權之說影響於社會運動及社會思想不少，故路易布朗於法國二月革命時卽實行此主張，承認勞動權，並設國民工場以促其實現，雖不久歸於失敗，而勞動權之要求，至今無產者尤力持不懈。

其次阿文之思想，頗帶人道主義色彩。彼曾著「新社會論」及「新道德論」等書，謂人類之性格原爲境遇之產物，故欲謀人類之發達，須努力改良境遇，開發德智。又謂貧富之原因與社會的不幸。皆由產業競爭而來，因產業之增加而日趨於惡劣，其救濟之策，在將一切生產手段收歸公有，并組織生產之共同團體，故提倡新村組織。新村組織法，由五百人至三千人之勞動者結成組合，給以一千至一千五百英畝土地及其他生產資料，設共同家屋及共同食堂，以營農業爲主，傍及其他事業。此等新村可由政府及城鄉或個人組織之，以期推廣於世界。據彼之說明，此種新村組織成立，則勞動能率增加，分配問題可不發生矣。此阿文之社會主義思想也。

上述古代中世及十九世紀前半期之社會主義，均屬於道德的宗教的政治的性質。其中在法律上有根據者，亦僅對於法律之根本的權利，主張自然法的生存權與勞動權而已，未有根據生產及分配之事實舉行科學的研究者，至於根據社會之物質的事實以創造之社會主義，則爲馬克思社會主義。學者所以分社會主義爲空想的及科學的兩類，而以馬克思社會主義爲科學的社會主義，馬克思以前之社會主義爲空想的社會主義者，職此故也。

空想的社會主義略如上述，茲進而述馬克思社會主義——科學的社會主義。

第四節　馬克思社會主義

社會主義，依其性質而類別之，可分爲空想的及科學的二種。初期社會主義者，專憑一己之思索，描寫對於未來社會之主觀的要求或希望而止，至於實現其理想之條件果已存在於現社會與否，則不詳加考慮。其理想雖高，而缺乏實現之可能性，故謂爲空想的社會主義。逮馬克思出，社會主義始獲得充分之科學的根據，空想的社會主義遂進化而成爲科學的社會主義。蓋馬克思之社會主義，係根據歷史的社會的事實，研求伊古社會組織變遷之原因，而發見其進化之法則；次更依據此進化之法則，以觀察現代之社會，決定現代社會之必然變革而達於理想社會，故謂之科學的社會主義。

馬克思社會主義之內容，可分爲歷史觀，經濟論，政治論三大部分。歷史觀與經濟論屬於理論的方面，政治論屬於實際政策的方面。歷史觀之根抵爲唯物史觀說，經濟論之根柢爲剩餘價值說，政治論之根柢爲勞工專政說，而貫串唯物史觀剩餘價值與勞工專政三大原理，使成有機的聯絡關係者，則爲階級鬥爭說。茲分別敘述於下。

一　唯物史觀說　物質的諸要素中，最能影響於社會之進化而成爲根本動力者厥爲經濟的要素。蓋物質的諸要素中最能變化最能發達者，莫如經濟的要素，其他如人種地理氣候等類物質要素，變化甚少，變化甚少之物質要素，對於社會當不起大變化也。例如原始社會，人類所使用之器具，粗笨不適於用，故人類完全受自然環境所支配，氣候地理等物質要素之變化，頗能影響於原人。惟詳加考慮，此等非經濟的物質要素之影響甚微，且隨社會之進步而減少，於歷史進化之大體無甚關係之可言。是故社會制度之形式，視生產方法及生產物之交換分配方法如何以爲斷。因而社會之變遷，政體之變形，實依據生產及交換方法之變化而定，非依據所謂眞理正義等思想精神之進步而定，換言之，社會進化之原因，不在於哲學而在於經濟之中也。

社會生產力發達至於一定程度，即構成社會之基礎。依據此種基礎組成社會之各個人，在生產分配之社會的歷程中，恆發生種種相互之關係。各個人所分受之生產物，由此等關係定之。其結果遂以產出一定之社會形體，產出一定之社會制度。同時又產生適合此社會形體之一般心理狀態及諸種道德習慣，因而該社會之哲學文學藝術遂以發生。

然流行於一定社會之思想，對於當時社會，具有強大之勢力。惟其思想發源於社會的事物之環境中，而其環境又爲該社會經濟關係之結果，故無論爲政治思想，或道德思想，或宗教思想，雖能流行社會，支配人心，而其基礎根源之經濟狀態一朝變化，則此等思想即漸失其支配力。又如今日之階級的社會中之流行思想，不僅爲經濟關係之結果，且與當時經濟上占優勝地位之特殊階級之利益相適合。故在某一定社會中，常有同時流行兩種互相矛盾之思想者，要不外表明兩種階級之利益而已。

但就通例而言，一社會傳有一種流行思想，蓋社會之生產機關歸特殊階級所有，生產及交換之業務由彼等操之，故惟有此特殊階級能依據自身之利益，創造當時社會及習慣。故特殊階級既占有社會之經濟勢力，又能掌管社會之精神食物，社會全體因受強制力及說服力之作用，遂至受支配階級思想所感化。

然人類具有發明力，征服自然界之生產器具繼續變化。器具變化，生產方法亦生變化。自然界征服之方面，亦生變化。變化逐漸發生，新器具與新方法亦逐漸成就。然新器具中所包含之新經濟，含有不可抗之性質。新經濟力之進步，其始也甚遲，其繼也則以加速度進行，終至能踏過一切障碍物而突飛猛進。

新器具出現，則新政治力卽已產生於該社會之中。新器具在社會經濟上愈占重要，則此政治力亦隨而成長。此政治力卽使用新器具之階級，而與舊日領有生產機關之支配階級相鬥爭者也。

此鬥爭繼續之中，遂產生必然之結果。經濟上，獲得社會必要貨物之新生產方法，成爲急務；政治上，運用進步的生產機關之階級，取得優勢。於是社會事物之新狀態遂以發生。若其生產方法大異於舊生產方法，則與舊社會相異之新社會遂即顯現。因而政治上產出新制度，宗教上產出新信仰，道德上產出新意見，藝術上產出新趣味，哲學上產出新學說。歷史之潮流如此。

代表新經濟力之階級與代表舊經濟力之階級互爭優勝時，新思想亦與舊思想互爭優勝。新經濟力愈增加，而新興階級之新思想，愈益排除舊思想，而輸入於多數人之頭腦中。惟新思想之形成甚爲遲緩。其搖動多數人之心理，亦極其遲緩，然經濟的變革進行之時，新思想自成爲改革之要素，而爲破壞舊事物之資助。蓋新思想爲經濟的變革之反映。而其經濟的變革又有社會全體進步之意義也。

故新思想恆直接間接由新經濟狀態產生而出，於社會進步上，於階級鬥爭上，均占居重要地位。一切新階級固不僅爲自身奮鬥，而同時又爲社會全體奮鬥者也。

二　階級鬥爭說　從來政治家歷史家觀察政治上及社會上之事變，其能認識社會階級所負之使命者，頗不乏人，而對於社會階級鬥爭之概念，能爲精確之解釋，使構成政治及社會思想之內容者，則無如馬克思。馬克思以經濟之特徵爲區分階級之標準，即視各個人獲得生活資料之方法如何，藉以決定其所屬之階級是也。苟其主要生活手段爲工銀，則屬於無產階級；苟其主要生活手段爲資本，則屬於有產階級。無產階級以出售勞力爲生活之淵源，有產階級以生產機關爲生活之淵源。有產無產兩階級之間，存有極大之矛盾，判若鴻溝，互相對立，由對立更進而成爲階級鬭爭。蓋自古代土地共有制度崩壞以來，一切社會之經濟的構造悉建築於階級對立之上，如希臘之自由民與奴隸，羅馬之貴族與平民，中世紀之領主與農奴，行東與傭工，階級對立之形態雖因時代而有不同，而各時代社會之經濟的構造旣建築於階級對立之上，則一切法制上及政治上之上層建築，因以成立，社會的意識形態因以適應，故一切過去之歷史，皆爲階級對立之歷史。

階級對立之結果，必成爲階級鬭爭。蓋社會組織隨生產力之變動而變動時，則社會組織之改造，必假手於社會內部之多數人，故一定社會組織變革時，必有一羣主動者擔當改革事業，而從事一定之運動。然就歷史公例言之，其成爲改造社會運動之中心勢力者，必爲現社會組織下處於不利益地位之階級；其成爲反動派之中心勢力者，必爲處於有利益地位之階級。兩者互相對立，相持不下，結果不免於鬭爭，故社會組織之改造，常藉階級鬥爭之形式以行之。此一切過去之歷史，所以又爲階級鬥爭之歷史。

無產階級經歷種種時期發展而成。無產階級發生之日，即與有產階級開始戰鬥之日。鬥爭之步驟，最初爲各個工人反抗直接掠奪自己之資本家；再進一步則爲一工廠工人聯合反抗；更進一步則爲一地方同業工人聯合反抗。惟此時彼等攻擊之目標乃在有產階級之生產工具，而非有產階級之生產方法：彼等之期望僅在於用腕力以恢復舊日手工工人之故態而已。在此時期之中，勞動者亦知締結團體，惟精神散漫，內部一有齟齬，即行瓦解。其團結稍固者，亦非出於自動，乃因受有產階級之利用而然。蓋此時有產階級爲反抗封建勢力之故，恆假藉全民名義煽動全國勞動者爲之後援，成則坐享其利，敗則勞動者身受其害。故此時勞動者雖有較鞏固之結合，而所得之勝利則常爲有產階級之勝利。

然而產業愈發達，而無產階級之人數愈增加，漸知結成大團體，其力量愈增，其自覺亦愈强。且以機械抹去勞動差別之故，勞動階級之利害關係及生活狀態趨於一致，而工銀又逐漸降至同一低水平線。有產階級因自由競爭造成之商業恐慌，無時不使勞動者感受生活之脅威。於是勞動者與資本家之個人的衝突，漸帶階級衝突之色彩。勞動者至此始知結成團體，一以謀勞動條件之改良，一以謀階級鬥爭之持久。

此期之鬥爭，勞動者亦屢獲勝利，然實際之效果，不在目前之利益，而在勞動者之團結繼續擴大。此種團結，因近代交通機關之輔助，而遠近之勞動者均得互相接觸，遂集合同性質之若干地方的鬥爭，而團成全國一大階級的鬥爭。無產者如此組成一階級，即自然成為一政黨。惟因此時勞動者與勞動者之間，常不免互相競爭，團體必時常渙散。然因實際鬥爭之經驗，渙散者必趨於緊張，而戰鬥力愈益增大，遇有機會即能要求有產階級之立法機關，承認勞動者之特殊利益，而有產階級亦不能完全蔑視無產階級之實力。

無產階級之反抗愈大，而有產階級之壓迫亦愈大，其結果無產階級鬥爭之目標必由經濟的方向而轉於政治的方向。無產階級一方面因資本之增殖，而感知自身之利害與資本階級絕不相容，一方面因實際運動所得之敎訓，而感知自身非掌握政治權力決無保障生存之望，遂不能不企圖政治革命，升爲權力階級，以謀經濟組織之改造。故階級間經濟的利害之衝突，非更進而喚起政治的鬥爭不止也。

以上爲階級鬥爭說之梗概。惟於此有應注意者，階級鬥爭說所能適用之範圍，僅限於有階級之社會，而不能適用於無階級之社會。有史以前之原始共產社會，無階級之區別，資本社會以後之新社會亦無階級之區別，當然不能應用階級鬥爭說以說明之。蓋資本社會中有產及無產兩大階級之對立，爲階級鬥爭之最終形式。階級鬥爭之目標，在絕滅資本制的生產方法，以造成無掠奪者及被掠奪者之社會，經濟上旣無階級之區別，斯無階級鬥爭之事實。至謂一切人類之歷史皆爲階級鬥爭之歷史云者，蓋以社會之歷史的進行，皆以社會組織之變動爲中心，而社會組織之變動，又皆以階級鬥爭之形式實現，故過去之歷史，皆得由此階級的社會鬥爭之見地觀察之研究之，因而革命未爆發以前之一段歷史，又可視爲醞釀革命之時代，卽可視爲階級之次第發展以迄於發生自覺之準備時代，必如此觀察，始得由科學的見地以觀察社會之歷史的進行也。

三　剩餘價値說　據剩餘價値說，勞動爲一切商品所共通之社會本質，卽製造商品時必耗費若干量之勞動是也。唯所謂勞動係社會勞動。蓋爲自己使用及消費而生產物品之人，乃創造生產物而非創造商品。彼爲自立之生產者，與社會無關係。至生產商品之人，不僅生產貨物供社會之需要，即其人之勞動亦構成社會勞動總額之一部。其勞動係屬於社會內之分業，與其他部門之勞動互相爲用者也。

商品爲社會勞動之結晶，爲社會勞動之現實化。欲以商品作爲價値考察，可從此社會勞動着手。商品之有價値，乃因其爲社會勞動之結晶。價値大小，僅由現實化之勞動分量決定。惟商品之價値應由其生產所必需之勞動相對分量決定，或應由工銀決定，兩者之間，大有差異。就實際上言之，勞動者之工銀雖爲生產物之價値所制限，而生產物之價値則不受工銀制限。通例勞動者所得之工銀，恆在其所生產之商品價値以下。故決定生產物之相對價値，與其生產所使用之勞動價値，實無關係。

以勞動分量計算商品之交換價値時，須於最後所使用之勞動分量，加入商品原料生產所使用之勞動分量，及助其勞動之器具機械建築物上所賦與之勞動分量。苟商品之價値僅由生產上所使用之勞動分量決定，則怠惰者與不熟練者所造成之商品，決無多得價値之理。蓋上述以勞動分量決定之意，係謂於一定社會狀態之下，依社會平均強度之生產條件生產，且爲生產所必需使用之勞動分量。如以動力紡織機械與手工紡織機械互相競爭時，手工紡織機械較動力紡織機械須耗兩倍之時間，故欲以手工紡織機械與動力紡織機械相競爭，必須較前加倍工作。是此時二十小時造成之生產物之價值與以前十小時造成之生產物之價值相等矣。

是故成爲商品實現而出之社會勞動分量，如支配商品交換價值，則商品生產所需之勞動分量增加，商品之價值亦增加；同樣，勞動分量減少，其價值亦減少。各種商品生產所需之勞動分量苟爲一定不變，則此等商品之相對價值亦當一定不變。然商品生產所需之勞動分量，隨其所使用之勞動力繼續變化，故勞動生產力愈增大，則一定勞動時間內所造成之生產物亦因而增多。例如紡織工人苟用新式紗車紡紗，每一勞動日能紡棉花數百斤。此時每斤棉花所吸收之紡織勞動僅爲往時數百分之一，而每斤棉花成紗以後所加之價值，亦僅爲往時紗價數百分之一，紗價自趨於低落。勞動生產力愈大，一定量生產物所需之勞動愈少，而生產物之價值亦因而逐漸減小；勞動生產力愈小，一定量生產物所需之勞動愈多，而生產物之價值亦因而逐漸增大。是故商品之價值與生產所使用之

勞動時間爲　比例，與勞動生產力爲反比例。

勞動者每日所售之物爲勞動，故勞動須有價格。然商品之價格，僅將其價值用貨幣表現而出，亦可稱爲勞動價值。惟普通所謂價值之意義非成爲商品之勞動價值。商品中結晶之勞動固能構成價值，但如適用此種價值觀念，則十時間勞動日之價值即無由決定。質言之，勞動價值云者，即謂勞動者所售之物乃勞動力而非勞動也。勞動者受資本家之工銀，而以其勞動力之暫時處分權與之。故勞動價值即勞動力價值之意也。

勞動力之價值，與一切商品價值同，亦由生產所必需之勞動分量決定。人必生存始有勞動力，故欲維持其生命，必給以必需資料供其消費。且除其自身生存必需資料外，又須養育其子孫，發達其子孫之勞動力，使爲勞動者之繼，故又須給以一定必需資料，供其消費。生產異種性質勞動力之費用既異，則使用於異種職業之勞動力價值亦異。故要求工銀平等之呼聲實屬謬誤。工銀制度基礎上勞動力之價值，與其他一切商品價值同樣決定。異種勞動力價值相異，其在勞動市場亦必有相異之價格。欲於工銀制度基礎上要求工銀平等，亦猶於奴隸制度上要求自由也。

由上所述，可知勞動力之價值，實由勞動力之生產發達與繼續所需之必要品價值決定者也。

資本主義生產及其社會組織，在經濟上，人與人之關係，概爲買賣關係。勞動者於一定時間一定條件之下，以一定代價售其勞動力於資本家，資本家由勞動力取得商品出售於市場，因而勞動力代價之決定，遂引起勞資兩階級之利害衝突，而成爲階級鬥爭之根本原因。資本家售出生產物所得之利益，較支給勞動者之工銀尤大；於是乃有剩餘價值發生。

試舉一例說明之。假令勞動者每日欲獲得生存資料，須作工六小時，又假設六小時工作之成績與銀幣三元相當，此三元銀幣即此人勞動價值之貨幣的表現。如彼每日六小時工作所生產之價值能購買每日所需之生存資料，則彼之勞動能維持其一己之生活。但彼爲勞動者，不能不售其勞動力於資本家。彼苟能每日取得三元代價以售其勞動力，爲資本家作工六小時，使資本家之原料增加三元之價值，則此價值乃彼之勞動力價值，即爲工銀之對等價。此時資本家並未獲得剩餘價值，亦未獲得剩餘生產物。然而問題之發生，正在於此。

資本家買進勞動者之勞動力，支給代價，猶買進商品然，即有任意消費任意使用之權利。故資本家因由勞動者買進勞動力之價值，即有終日使用勞動力之權利。夫勞動力之價值，雖由維持此勞動力或再生產此勞動力之勞動分量決定，而勞動力之使用，則受勞動者之活動力及體力所限制。故限制勞動力價值之勞動分量，決不能限制其勞動力所能爲之勞動分量。因此之故資本家必欲使勞動者工作十二小時方能滿意。勞動者每日工作六小時，原足以獲得三元之工銀，而因受資本家所强制，每日不能不多作六小時。此多作之六小時工作，是爲剩餘勞動。此剩餘勞動必成爲剩餘價值或剩餘生產物實現而出。即如前例，紡織工人作工六小時能使棉花增加與三元相等之價值，今也作工十二小時，必能使棉花增加六元之價值，而依此比例紡出剩餘之紗。然勞動者已售其勞動力於資本家，故彼所生產之價值與全部生產物，當屬資本家所有。資本家僅暫時墊出工銀三元，反獲得六元之價值。於是構成剩餘價值。資本家並未支出相當代價，竟能獲得三元剩餘價值，勞資兩階級間此種交換，遂成爲資本主義生產與工銀制度之基礎。其結果勞動者永爲勞動者，資本家永爲資本家。

由以上所述，剩餘價值率，實由再生產勞動力價值所必需之部分與資本家强制操作之剩餘勞動部分兩者間之比例决定；換言之，即剩餘價值率，除勞動者再生產其勞動力價值或償還工銀之勞動時間外，實由其勞動日延長之比例率决定者也。

要而言之，剩餘價值，實卽勞動者被資本家强制操作之勞動而已。資本家以原料及機械等形式投入生產以內之物，復由商品價格，收入所謂不勞利得。勞動價值乃投入生產之勞動量，工銀卽使用於生產之勞動代價。惟勞動代價之工銀，殊難滿足勞動者之生活資料。此工銀與勞動價值之差額，卽造成剩餘價值者也。故於資本主義經濟組織之下，就工銀制度精密言之，勞動者每日所爲之勞動，僅有一部分獲得工銀，其餘一部分爲無償勞動。此無償勞動，實際上已成爲剩餘勞動與利潤之基礎，而形式上對於勞動全體似已支給代價，此混視勞動與勞動力兩概念所致也。殊不知勞動之價值，實乃勞動力之價值，由維持勞動力所必需之商品價值决定之。若依前例，而以三元之工銀視爲十二小時勞動之價值，實大誤也。

利潤亦由剩餘價值產出。依前例，平均十二小時之勞動，其實現之價值與六元相當，則六小時勞動之生產物，其勞動價值卽爲三元。如所使用之原料機械等物中已費二十四小時之平均勞動，則其價值應爲十二元。此時資本家所雇之勞動者如對於此等勞動對象又費十二小時之勞動，則其勞動價值爲六元。於是此生產物之總價值，實現三十六小時之勞動，其價值與十八元相當。然資本家所支給之工銀僅爲三元，而對於商品價值中已實現之六小時剩餘勞動，則迄未支給代價。此商品如以十八元賣出，則此三元卽爲資本家所得，遂以構成利潤——剩餘價值。故資本家卽令以實價賣出此商品，亦足以構成三元之剩餘價值。就此點言，利潤亦可謂爲剩餘價值之一部。

由此可知商品價值，由商品中所包含之社會勞動總量決定。惟勞動中一部分所實現之價值，雖以工銀形式支給代價，而其他一部分實未支給代價。故自原則上言，商品卽不按實價以上之價值出售，而僅以實價出售，亦足以構成利潤。此爲剩餘價值說之梗概。

四　勞工專政說　由唯物史觀說得推知資本主義社會必然變革而進於社會主義社會

，由剩餘價値說得推知資本主義經濟組織必然崩壞而達於社會主義經濟組織，由階級鬥爭說得推知資本家的生產方法爲階級最後之敵抗形式，而階級與階級鬥爭之必歸於消滅。是故社會主義唯一目的，在將私有資本收歸公有，而達到此目的之唯一政治手段，厥爲勞工專政。

依唯物史觀說之推論，政治組織必與經濟組織相適應。資本主義社會建築於資本主義經濟組織之上，適應於此經濟組織之政治爲資本階級民主主義政治，社會主義建築於社會主義經濟組織之上，適應於此經濟組織之政治，爲普遍的民主主義政治。介乎前兩種經濟組織之間，有一過渡期之經濟組織，因而介於前兩種政治組織之間，有一過渡期之政治組織。此過渡期經濟之組織爲國家資本主義，此過渡期之政治組織爲無產階級民主主義。資本社會中所稱之國家爲資本家之國家，所謂資本階級民主主義，實卽資本階級專政；過渡期之國家爲勞動者之國家，實卽勞動階級專政。

資本階級國家，虛僞的主張全民政治，而事實上實爲一階級之民主主義，至於社會主義革命則質直的主張一階級之政治，以期達到普遍的民主主義。資本階級政治機關係以三權分立爲基礎之議會制度，無產階級政治機關係結合立法行政兩部分權力之勞工自治組織。議會制度下之國家純爲土地的性質，而勞工自治組織下之國家則兼有土地的性質與產業的性質。一切民主主義皆爲階級的民主主義，所謂普遍的民主主義，在過去僅成爲一種觀念而止。欲謀普遍的民主主義之實現，必經歷勞工專政一階級。所謂無性別，無宗教別，無人種別，無國民性別之眞平等，必經歷勞工專政始能實現，而在資本階級專政期内則決無實現之可能。此兩者之根本區別也。

勞工專政在以勞工自治團體爲政治機關。勞動者自治團體概由勞動民衆組織，資本階級除外。如此，有覺悟之勞動者始得盡能力組成良好之大團體，以其經驗訓練一般民衆，引入政治生活，使嫻熟政治之運用，夫然後治法與治人始能一致，始能促進普遍的民主主義之實現。此勞工專政之特質也。

社會主義革命之目的，在改變資本主義經濟組織爲社會主義經濟組織，而達到目的之手段，則在推倒資本階級權勢，由自己階級掌握國家政權。前者謂之經濟革命，後者爲之政治革命。故欲謀經濟革命之完成，必先實行政治革命。社會主義政治革命，可分爲三期說明之。第一爲革命前之鬥爭期，卽無產階級對資本階級準備奪取政權之時期。第二爲革命時之鬥爭期，卽征服有產者之時期。第三爲革命後之鬥爭期，卽鎭壓反革命之時期。第一期又可謂爲精神的準備時期，第二第三兩期，又可謂爲勞工專政時期。無產階級掌握國家權力以後，卽利用政權奪取資本階級一切資本，將一切生產手段集中於國家，同時解除資本階級武裝壓服反側。有產階級完全被征服以後，則政治革命實現，從此遂從事經營產業，卽進於完成經濟革命時期。從此生產力得以加速度發達，而社會主義經濟組織乃能實現。此勞工專政所以成爲必要之理由也。

第五節　馬克思社會主義之分化

馬克思學說出世以後，舊日空想的社會主義乃一變而成爲科學的社會主義，於是社會主義遂爲馬克思社會主義所代表。迨後派別分歧，內容複雜，而馬克思社會主義遂分化爲五種範疇，若『正統派』，若『修正派』，若『工團主義』，若『基爾特社會主義』，若『布爾什維主義』皆是也。玆依次分述於下。

一　正統派社會主義　正統派之名稱，發生於十九世紀末葉柏倫斯泰因一派倡修正說之時。此派代表人爲柯祖基，彼爲保存馬克思主義之本體，與修正派爭論甚烈，因而正統派社會主義遂與修正派社會主義並立。西歷十九世紀七十年前後，歐洲各國信仰馬克思主義者無不熱心運動，以期社會革命之早日實現。當其始也，極力實行階級鬥爭說之主張，排斥妥協，直接行動。彼等因認定資本階級特權之存在足以妨害社會主義之發展，又認定社會黨應由純粹無產者組織，故以根本改造社會組織爲目的，以糾合無產者行有組織之階級鬥爭爲手段，務期實行革命的政治運動，而於社會主義基礎上建設社會主義社會，至若勞動救濟立法及勞動組合運動，皆在彼等反對之列。質言之，此時馬克思主義者之運動，僅知以無產階級之直接行動，謀社會主義實現，其成效雖未著，而對於馬克思主義則能澈底奉行者也。雖然，社會革命乃無產階級之企圖，純恃無產階級自身覺悟，革命運動始有進步之希望。當此之時，資本主義雖日見擴張，無產者之數雖日見增加，而勞動者階級的自覺尙屬幼稚，故勞動者之組織與運動亦未能發達。且當時之產業界雖有集中之傾向，然尙未如馬克思所豫言者之急速成就。小產業中產業似已較前增加；農業方面亦然，地主之數不僅未見減少，反有增加之趨勢。於是馬克思主義者覩此現狀，遂感知馬克思學說不易奏效，乃於理論及實行兩方面，改絃更張，德國社會民主黨首先變更昔日之宗旨，而採用議會主義。迨後愈演愈進，至十九世紀末葉，馬克思主義者之間，發生衝突，遂分爲正統派與修正派。正統派以馬克思主義嫡派自稱，較之修正派尤能保存馬克思學說之精神，惟篤信議會主義而與資本階級妥協，則不無可議之處耳。

二　修正派社會主義　修正派之代表首推柏倫斯泰因。彼於一八九九年脫離正統派，關於實行社會主義之手段，主張逐漸受國家干涉。彼曾著多種修正馬克思學說之論文，欲於社會主義內部改革社會主義。彼之主張亦博得一部分人之信仰，德國社會民主黨人受其影響者尤多。

同時英法兩國亦發生修正派運動。法國雖有喀特一派堅守正統說，而米勒蘭一派則提倡改良主義。米勒蘭主張實行社會主義應與一切政黨携手，故排斥馬克思派之意見，不主張由無產階級共同團結以行無產階級革命；又反對喀特派及梭列派。蓋梭列主張謀勞動者地位改善，有時雖可與國家妥協，然不主張與一切政黨携手，以破壞階級鬥爭。

至於喀特則主張以階級鬥爭實行社會革命者也。

英國亦然，正統派之社會民主同盟勢力衰弱以後，而獨立勞動黨之勢力乃日見增大，獨立勞動黨由費邊主義產生，亦爲修正派。

修正派之學說雖各不相同，然其共通之性質要不外爲進化的或改良的社會主義而已。其特徵可分五項：(一)謀產業組合或消費組合之發達；(二)助成產業歸國有或市有之傾向；(三)組織改良地位之勞動組合；(四)使勞動者獲得選舉權；(五)由國家徵收累進率之所得稅。

修正派社會主義之目的或對象，亦在於推倒私有制度，將生產機關收歸社會公有，其與正統派無不相同，惟以改良主義爲達到目的之手段，則與馬克思主義完全相反。

三　工團主義　工團主義原有勞動組合主義之意義。法國勞動組合，最初分爲二派，一爲改良主義，一爲革命主義。前者之目的在減少工作時間，增加工銀，改良勞動狀態；後者之目的在革命，不希望減輕資本主義之弊害，而在根本改造社會組織。惟後者之勢力較前者爲大，入二十世紀以後，殆支配法國全部勞動運動之精神。

工團主義之根本思想爲階級鬥爭。依工團主義者之意見，社會係由掠奪者與被掠奪者兩大階級組織而成，僱主與被僱者之利益完全相反，故主張勞動者應與彼握有生產機關之資本家，繼續爭鬥。惟勞動者欲謀經濟的解放，須憑藉自身力量，於經濟上行有效力之戰鬥，若信仰議會政策，專事投票之競爭，而不惜與其他階級妥協，反喪失革命之精神。故工團主義者反對民主主義，不置重態度冷淡之多數，而置重有覺悟之少數，且反對將生產手段集中於國家，以國家束縛個人故也。

工團主義之理想，在使勞動者有自主的「自由工場」，主張勞動階級之解放應由勞動階級自動。工團主義又反對專事改良勞動者地位之運動，主張行自然的總同盟罷工，而不主張準備罷工之基本金。

工團主義之手段以直接行動爲主，謂社會常在戰爭狀態，勞資兩階級間有極大之隔閡，利害完全相反。故勞動者須以一切手段征服資本階級，繼續努力奮鬥，最後舉行總同盟罷工，一舉而實現社會革命，變革社會組織。

工團主義固可謂爲馬克思主義之反動，又可謂爲馬克思主義之還原。工團主義以爲資本家社會決不自然破滅，其根本之變革，惟恃勞動階級之犧牲與爭鬥始能成就。馬克思謂力爲舊社會孕育新社會之產姆，而工團主義則主張將此力提前運用。關於此點，工團主義已與馬克思主義相反，而梭烈則云馬克思主義復興於工團主義之形式中，似工團主義與馬克思主義又無甚衝突也。

工團主義對於革命以後之政治組織，主張由勞動階級組織組合管理一切生產機關，由各組合聯合組成中央大組合，開全國會議決定各種職業及產業之關係，盡統治之責任。

工團主義之國家，亦有統治者。各職業之全國會議，選出代表開總會議，決定各組合會員所應受之分配額，有餘裕之組合，又得補助無餘裕之組合。

惟工團主義既否定政治的方法，而所謂總組合之組織，仍必以代表制度爲基礎，別開妥協，術數，及其他種種政略之門徑。且社會上各人之結合，不僅經濟一方面，必更有行政裁判，國民教育等事焉，然則主張經濟結合之工團主義，仍不能排斥政治結合，是其顯然之矛盾也。工團主義主張經濟行動而排斥政治行動之效力，足以促進產業進步國家勞動組合之發達，然革命的工團主義者多年奮鬥之結果，又逐漸感知純粹經濟行動之迂緩不易奏效，而有採用政治行動之傾向矣。

四　基爾特社會主義　組合社會主義之意義，即主張以勞動組合與國家共同管理產業之提案，生產機關歸社會公有，而委托組合管理。惟其管理權利不僅屬於生產者，即屬消費者亦得經由地方團體或中央團體發表其自身之要求，生產之程序與方法，雖歸組合管理，而生產之種類及其需要之緩急，則不能決定。基爾特社會主義，欲將現有組合變成合理想之組合，使適宜於將來產業之管理，並推倒工錢制度，使達到使組合與國家共同管理產業之目的。其進行方法，第一步在結合勞動者向此目的前進，以與資本階級對抗；第二步要求共同管理產業，使國家收買資本家之資本，許組合經營產業。

組合社會主義者擁護個人權利，不干涉生產者之自由。所謂組合，有全國的與地方的兩種。全國的組合，大致決定物品之標準及商品販賣等事，並調和需給之關係。地方的組合，則在一定範圍內，實行產業自治。組合中之職員，由組合之會員選舉之。全國的組合，構成一中央機關，是即組合總會，爲生產者方面最高之權威，與消費者方面最高權威之國家對立，組合總會與國家又各派代表組織共同委員會，管理產業上最高之事務。生產者與消費者，因有此委員會，得以時相接觸，互相協議，兩方之利益不至發生衝突，故能共同擁護全社會。

至於國家之收入，每年以單稅法形式，按各組合所得純利益提出若干充作國家之收入。國家取得此宗收入，用以辦理教育，公共道德，以及裁判與國際事務。

以上爲組合社會主義之梗概。惟在今日社會中，各種複雜活動，關係異常紛繁，組合社會主義者欲以國際關係委托國家管理，以生產事業委托組合管理，恐難容易劃分。蓋國際關係常含有經濟的生產問題，而經濟的生產問題，又常含有國際關係，殊不易明確區別也。且組合制度即能成立，亦不能保全產業之平和，此種思想亦僅成爲空想而止。組合社會主義者以爲人性本善，皆有愛他的本能，故主張以平和之方法促成社會革命，此未免失之太過。殊不知欲使人類不事營利生產而事效用生產，苟無強制的權力爲之指導，決難達於新社會之境界者也。

五　布爾什維主義　布爾什維主義即純粹的馬克思主義，其指導的原理，即爲勞工專政。勞工專政爲馬克思學說中之政治論，觀於列寧等之闡明，更徵諸馬克思之文獻，殆已了無疑義，故欲了解布爾什維主義，僅就列寧對於勞工專政之解釋研究之可也。

勞工專政之意義如何？列寧於所著『國家與革命』一書中云：『勞動階級革命的獨裁政治，係被壓迫者爲謀推倒施壓迫者而造成之先鋒的支配階級之組織』。彼又於『勞農會之建設』一書中云：『勞工專政乃一偉大之言，不可濫用。勞工專政者，卽征服剝削者與惡人而決然實行之強權的鐵血支配也』。彼又於論社會革命一文中云：『世人非難共產黨使用暴力，由於不明勞工專政之意義。蓋革命之自身，純係強力之行動。專政之語義，由各國語言解釋之，要不爲外使用強力之意。革命之地位愈困難，專政之程度愈辛辣』。故勞工專政之意義，依列寧所解釋者言之，卽勞動階級對資本階級運用之強力政治也。

勞工專政之本質如何？據列寧云：勞工專政之本質，卽一階級對他階級實行革命之強有力的國家。換言之，所謂勞動者之國家是也。何謂勞動者之國家？列甯之解釋亦與馬克思恩格斯之意見相同 據馬克思云：國家乃階級的支配之機關，乃一階級壓迫他階級，因此制定法律，使此種壓廹繼續持久，藉以緩和階級衝突而造成者也。又據恩格斯云：國家爲階級的社會縣程中之產物，乃階級衝突及階級利益不能妥協之證據。列甯引申兩氏之論，謂國家爲階級衝突之產物，爲階級不調和性之表現，故國家僅發生於階級衝突不能調協之時。換言之，國家所以存在，乃階級衝突不能調和之明證。依國家發展之程序言，承資本階級國家之後而起者爲勞動者國家；而勞動者國家已非眞正之國家，要不外於勞工專政形式之中實現社會主義而已。故資本階級國家爲資本階級專政；勞動者國家爲勞動階級專政。

勞工專政之作用如何？據列甯云：勞工專政之目的，在征服資本階級，根本剷除資本主義一切思想風俗習慣與制度，而確定社會主義之根基，同時以強制的權力，破壞資本階級壓迫勞動階級之機關，武裝勞動階級以解除資本階級武裝，制服一切反革命之反動力，徐圖經過此政治過渡期，鞏固新社會之基礎。

勞工專政之形式如何？據列甯云：勞工專政之形式爲勞農會共和制度。托洛茲基亦云：勞農會乃勞動階級之組織，其目的在爲革命的權力而戰，故勞農會又爲勞動階級意思之表現。至於勞農會之組成，據列甯云，一切勞動者與下等工人農民均包含在內，故勞農會爲勞動階級運用權力征服資本階級之機關，將一切立法上行政上之權力，結合一致，不以地方分別選舉區域，而以工廠工作場等產業單位爲選舉區域者也。

以上所述，爲布爾什維主義創始者列甯氏對於勞工專政之解釋，亦即布爾什維主義之解釋也。布爾什維黨今已改名共產黨，布爾什維主義實即馬克思社會主義，亦已爲一般人所公認，所謂布爾什維主義亦將成爲歷史上之名詞而已耳。

第六節　無政府主義

無政府主義者，否認國家存在而主張代以無强制之自由社會之社會觀也。此種思想之起源甚古，至高德文以後而始著，而最初使用無政府主義之名辭者，則爲蒲魯東。

無政府主義之共通觀念雖在於否認國家存在而主張代以無强制之自由社會，然就其內容細察之，則可分爲空想的無政府主義及科學的無政府主義兩大派。前者以幸福正義利己心等抽象觀念爲中心，由此演繹以否認國家，如高德文蒲魯東斯體奈及托爾斯泰等一派是；後者由社會發達之原理推論社會必然進於無强制之自由社會，如巴枯甯克魯泡特金等一派是也。

高德文謂人類行爲之理論的標準，在於謀全體之幸福，然國家之爲物，與全體幸福不一致。任何政府皆爲暴君。在政府之下，無所謂個人意思之獨立，人類之進步因而受其阻害，故宜破壞國家而另建自由社會以代之。各個人苟皆以人類全體幸福爲標準而行動，則無強制之新社會卽可成立。又私有財產亦有害於個人之獨立，故宜完全廢除，凡爲生活必需物品，則樹立公平制度以分配之。至於實現此理想之方法，則主張用穩健手段，而不主張革命，此高德文無政府主義之大概也。

蒲魯東謂正義爲人類行爲之標準，國家蔑視正義，不應容其存在，須創造不假權力不憑契約而結成之社會以代之。又財產由竊盜而來，財產存在，能使不事生產之人消費他人勞動所得之結果，故消費及生產財產之一部分，雖可認爲私有，然宜嚴加限制，較現行制度所規定者尤應縮小其範圍。至於實現此種理想之方法，則主張用和平手段，而排斥暗殺陰謀暴動，此蒲魯東無政府主義之大概也。

斯體奈主張極端的個人主義，謂各人行爲之標準，在於各人獨有之利益，國家係爲全體謀利益，故不應許其存在，宜創設利己主義者之團體以代之。此種團體之組織，不須憑藉契約，在各個人極端主張自我時卽可成立。又私有財產，於個人之發展有害，亦須廢止。至於實現此種理想之方法，則主張使用暴力，國家及私有財產，唯有暴力可以撲滅之。此斯體奈無政府主義之大概也。

托爾斯泰謂人類行動之中心，在於基督教之博愛，國家有悖於博愛，故不宜許其存在。國家由權力而成，爲惡人壓廹善人之制度。凡迷信權力者皆惡人，國家之存在，遂至於使善人胥化爲惡人。國家廢滅之後，宜創造無約束之新社會以代之，以約束有悖於博愛之原則故也。又私產制度亦不合博愛精神，應講求合於博愛原則之分配方法以代之。至於實現此種理想之方法。則排斥暴力，而主張澈底實行無抵抗主義。此托爾斯泰無政府主義之大概也。

巴枯甯謂國家組織爲文化程度最低時代之產物。文化之程度愈高，自然進於自由社會。一切人類皆非孤立的存在，而爲團體的或集合的存在，換言之，卽社會的存在是也。社會係自然發達而來，由個人自然的衝動而進步，非由立法者之思想及意思而進步。

彼依據此種自然的論理，反對國家，反對政府，反對權力，謂國家爲共同大墓地，足以妨害各個人之自由與生活力；謂國家常爲特權階級所有，常爲僧侶貴族資本階級所有，故主張廢滅「國家，教會，法庭，大學，軍隊，警察」。又對於經濟方面，則主張廢止私有制度代以共有制度，而提倡團體的集產主義，惟承認消費財產可歸私有。至於實現此種理想之方法，則主張實行社會革命　此巴枯寧無政府主義之大概也。

克魯泡德金謂人類行爲之標準爲互助，人人皆互助，故能成立社會。國家爲少數人妨害多數人自由共同生活之產物，故國家必然趨於消滅；而新自由社會乃代之而興。又一切財富（物質的或精神的文化均包含在內）由過去數千百年人類共同努力創造而成，任何人不能獨占，故無論生產財或消費財均須廢止私有而代以自由共產主義；生產之行爲須由各團體各部落自由合意經營，反對工銀制度，幷主張廢止貨幣；分配之標準則依據各人之欲求定之。至於實現此種理想之方法，則主張實行社會革命。此克魯泡德金無政府主義之大概也。

高德文蒲魯東斯體奈托爾斯泰諸人之無政府主義係由道德感情出發，太缺乏科學上之根據，故稱爲空想的無政府主義，巴枯寧克魯泡德金之無政府主義，則依據科學立論，由社會進化之趨勢以推測國家之歸於消滅，故稱爲科學的無政府主義。空想的無政府主義，亦僅成爲空想而止，姑不評論。至科學的無政府主義，在其本體上雖能自圓其說，然由吾人觀察，則發見其於理論上尙有許多矛盾在，玆略述之。

科學的無政府主義，在政治上否認權力而主張絕對自由，在經濟上否認私有而主張自由共產，所謂無政府共產主義者是也。但如巴枯寧所論，在政治上既排斥一切權力存在，而在經濟上則主張團體的集產主義。彼於消費方面雖不否認個人所有，而於生產方面則固主張團體所有者也。然團體之財產亦必有所有主，所有主苟爲團體，斯有團體之意志精神與人格，既有團體之意志精神與人格，則團體之權力遂以成立。由此言之，巴枯寧所主張之財產上之團體主義，必須逐漸將生產手段集中於國家公共團體，此論理的必然之結果也。無政府主義者竟冒犯此種足以誘致有政府主義之大弊，豈非一大矛盾乎？克魯泡德金有云；財產上之團體主義，必須應用一種比任何政府更強之權力，始能實現，蓋有慨乎其言之矣。故巴枯寧苟主張無政府，卽應放棄其財產上之團體主義，否則即須放棄其無政府主義而後可。

克魯泡德金偏重人類之互助的本能，而忽及鬥爭一方面。和平互助與鬬爭征服兩種本能互相對立，如云人類僅有互助之本能，則妨害多數人之少數者何由產生，豈非自相矛盾乎？據吾人所見，社會之經濟的構造，本爲各個人互助之結果，至於政治方面之一切關係，則概爲互鬬之結果，不可不察也。至云生產行爲由各部落各團體自由合意經營，此乃無政府共產社會中之事，若在社會主義社會中，生產行爲既歸團體經營，則爲調合生產及分配等事起見，即不能不有一種嚴密之組織；既有嚴密組織，即不能自由合意經營，此顯然之理也。工銀制度在原則上本應廢除，然在產業未發達以前，即令能實行社會革命，而爲發展產業計，工銀制度仍不能完全廢除之。又如貨幣之廢除，亦必在生產事業發達至於極點之時，始能成就，蓋社會革命以廢止資本主義及營利經濟爲前提，而貨幣則必隨經濟組織改造、或依據理想以應用之。假定人類社會進化之理法不誤，則資本主義社會之後必爲社會主義社會而非無政府共產社會，故欲廢止貨幣而用物物經濟，絕難望其實現也。

第七節　I•W•W•

I•W•W•者，美國『世界產業勞動者』之略稱，即革命的產業勞動組合也。就其主張階級鬥爭之點言之，則與馬克思主義相近；就其否認政治之點言之，則與無政府主義相近；就其主張經濟的直接行動之點言之，則又與工團主義相近。此種性質複雜之主義，實美國勞動界情形複雜之結果。蓋美國勞動組合之組織，有種種困難之點，舉其要者而言；第一，土地廣漠，農業組織特異；第二，農村文化不甚進步，土地尚有未經開採者，對於個人企業，有廣大之餘地；第三，移民之結果，異族雜處，外國出生者有千四百萬人，益以黑人一千萬，由歐洲南東部移入之工人，其從事工銀低廉之勞動者頗多，種族複雜，方言不一，乃有熟練勞動者與不熟練勞動者之區別；第四，資本階級之聯結頗爲鞏固，遠非勞動階級所能及。有此四種原因，故舊日勞動組合之組織，惟以熟練勞動者爲中心，至於外來工人，既多爲不熟練分子，且少有積蓄即相率歸國，無在美久留之意，不知有加入勞動組合之必要，即令有意加入，而入會金有多至美金一千元之鉅者，亦非彼等能力之所及也。因此之故，不熟練工人，不能受勞動組合之保護，而其利益亦橫被資本階級蹂躪而無可如何。此I•W•W•之所以應運而生也。依I•W•W•之見解，美國勞動組合，係貴族勞動者之職工組合，其目的僅在於增加工銀，減少工時，及改良其他勞動條件。非眞能解放勞動階級者也。方今一切產業營理之實權，愈益集中於少數者之手，彼職業的勞動組合，豈能與強有力之雇主階級相對抗哉？且此種性質之勞動組合，僅網羅勞動者之一部分，而與同種產業之他一部分勞動者互相排斥，互相競爭，以致爲資本家所利用，而工銀更有降低之傾向，似此分裂勞動階級，適足以減殺勞動者之階級意識而已。I•W•W•依據上述理由，主張組織產業勞動組合，無熟練與非熟練之分，凡屬同種產業之勞動者，一律加入勞動組合，以擴大勞動者之階級意識，爲進行社會革命之準備。此I•W•W•成立之緣起也。

I•W•W•之組織，完全根據產業組合主義。蓋認定社會改造之事業，決非烏合之勞動集團或職業的勞動組合所能勝任。烏合之勞動集團，無持久之性質；職業的勞動組合，範圍過少，且忽視勞動階級全體之利益，妨害勞動者階級的自覺之發達。故欲增進勞動階級全體之利益，惟有勞動階級一致團結，惟有糾合從事一切產業之勞動者成爲一大勞動組合，實行適合新時代之勞動運動始能有濟也。

I．W．W．之目的，在於廢止工銀制度，以土地及其他生產機關收歸勞動者掌握，而樹立產業民主制度。蓋I．W．W．認定勞資兩階級利害完全衝突，故主張勵行階級鬥爭，組織產業的勞動組合，更由此組合廢止工銀制度，以顛覆資本主義。工銀制度爲資本家掠奪勞動者唯一之工具，爲貧富懸隔唯一之原因，爲勞動者所以陷於奴隸狀態之鐵鎖。故工銀制度廢除，則人人自食其力，私產上不平等之事實消滅，資本主義自然顛覆。如此，則勞動者始得脫出奴隸境遇，拿握土地及其他生產機關，實現產業民主主義之社會。此I．W．W．之目的也。

I．W．W．實現其理想之方法，在原理上雖主張階級鬥爭，然其實際手段，則主張用經濟的直接行動爲唯一武器，而反對議會政策及其他一切政治手段，並排斥與任何政黨相妥協。所謂經濟的直接行動者，即總同盟罷工同盟怠業是也。據I．W．W．所見，總同盟罷工爲推翻資本階級最有效力之手段。如總同盟罷工一時不易實行，則利用機會舉行同盟怠業，或援助其他同盟罷工，以待時機之熟，然後一舉而實現總同盟罷工焉。此I•W•W•之手段也。

I•W•W• 主張上之矛盾，正與工團主義相似。無產階級革命，本不應利用現行政治機關或與現政黨相妥協，以期貫徹其革命之目的，然因此而否認一切政治的手段，則有因噎廢食之嫌。依歷史之公例言，一切階級戰爭皆為政治戰爭，I•W•W•既主張階級戰爭而否認政治戰爭，不惟事實上不能奏效，即在論理上亦屬一大矛盾。又如直接行動，亦有政治的及經濟的兩種，經濟的直接行動，必有待乎政治的直接行動，方有意義。I•W•W•欲用總同盟罷工手段，以成就其革命之目的，苟無武裝的政治行動，則資本階級必利用其軍隊警察以壓迫而解散之，此今日資本主義國家普遍之現象也。I•W•W•之目的，欲於舊社會之中建造新社會，以今日之產業勞動組合，為將來管理產業之機關。此種事業，必須大多數勞動者，有組織有訓練而後可。然潔I•W•W•二十年來之歷史，其所能組織之勞動者，僅為勞動階級之極小部分，美國勞動組合之組織，既如彼其困難，I•W•W•理想之實現，不知將在何年月也。

第八節　社會改良主義

欲謀社會問題之解決，必須探索其致病之根本原因，而剷除其禍根始克有濟，若僅圖暫時之彌縫敷衍，則永久之解決終不可期。社會問題之根本原因爲何，私產制度及自由競爭是已，上述各派社會主義及無政府主義之主張，卽以廢除私產制度及自由競爭爲目的者也。至於社會改良主義，則與上述兩派之主張相反，不特不主張顚覆社會組織及經濟組織，幷努力維持私產制度及自由競爭兩大原則，惟主張減少由此兩大原則所生之弊害而已。

依社會改良主義之理論言之，私產制度與自由競爭兩大原則爲現社會經濟發達之前提，貧富懸隔所生之弊害，乃由此兩大原則漫無限制之結果，非私產制度與自由競爭本身之罪也。故現代社會問題非撤廢此兩大原則所能解決，但期於特別範圍加以限制足矣。例如就勞動者與資本家之關係而論，若絕對承認自由競爭，則微弱無力之勞動者，決非資本家之敵，卽不得不受其掣肘，故每當締結勞動契約之際，勞動者卽不能不屈服於不利之地位。今苟有政府依據權力爲之仲裁，一方面壓制資本家之權能，一方面伸張勞動者之勢力，使雙方得以對等之位置締結勞動契約、則勞動者因勞動契約所感受之弊害卽可以免除矣。工場法之創制卽其一端也。又就私產制度方面觀察之，改良論者雖認定無限制之私有足以引起社會問題，然不否定私產制度之根本原理，惟主張對於獨占事業之私有加以相當限制，或更進一步將此等事業移歸國家或公共團體經營，以杜塞其弊害而已。鐵路國有，電車市有等施設，卽由此理論而成立者也。是故社會改良主義之見地，在理論上承認私產制度及自由競爭兩大原則，惟主張加以相當限制，藉以減少其弊害耳。

社會改良主義所以承認私產制度及自由競爭兩大原則而又主張加以限制者，蓋亦有其特別之理想在，理想爲何，卽所謂『謀個人之圓滿的發展』者是也。個人圓滿的發展云者，卽使各個人得以自由發展其自身之智能之謂，而欲使各個人得以自由發展其自身之智能，斯不能不承認個人之自由，同時又不能不承認財產之私有。個人之自由，卽各個人得以尋求其自身之利益之意，如生產及消費以及從事職業等類經濟的自由是。既承認各個人有此等經濟的自由，必須承認個人有經濟上之責任，使自謀所以增進其自身與家族之生活及幸福，卽須承認私有財產，以保障其自由之完全的發展。然個人與社會有密切之關係，個人之自由必以社會之存在爲前提，個人之圓滿的發展與社會之圓滿的發展並行。個人必須爲社會而犧牲，而後社會始有圓滿發展之可能，同時個人對於社會之犧牲又必減至最少限度，而後始得保持其自身之發展。故社會承認個人之自由與私有財產，以謀個人人格之圓滿的發展，同時卽不能不要求社會的調和，限制個人之自由及私有財產至於相當限度，以謀社會全體之圓滿的發展，此卽社會改良主義之理想也。

以上爲社會改良主義之大概，社會政策卽根據此主義而創行者也。當此階級衝突劇烈之時，各國政府爲緩和無產階級之心理，不能不實行社會政策，而無產階級在社會革命未實現以前，亦得藉此溫情政策以稍緩須臾無死，此社會政策所以盛行於今日也。」

第十五章　社會運動

第一節　社會運動之概念

社會運動，有廣狹兩種意義。依廣義解釋之，凡一定社會階級或社會部類，直接謀改良自身生活或間接謀增進自身利益之有組織的運動，皆稱爲社會運動。就狹義解釋之，必須被壓迫階級爲謀自身解放而反抗壓迫階級之有組織的運動，始稱爲社會運動。

就廣義之解釋而言，社會運動之種類甚多，如有產階級直接謀自身利益而反抗貴族階級之運動，或間接謀維持自身利益而改良勞動者生活之運動；如無產階級爲改良自身生活而對抗有產階級之運動；如中等階級爲維持自身地位而行之團體運動；如婦女爲增高自身地位而對抗男子之團體運動；如男子爲增進女子利益而行之團體運動；如宗教家或慈善家爲救濟衆生或服務社會之團體運動，皆可以社會運動名之也。

就狹義之解釋而言，在近世史中可稱爲社會運動者，則惟有有產階級推倒封建階級之運動及無產階級推倒有產階級之運動而已。本書所論社會運動，則採狹義之解釋者也。

又本書所論社會問題及社會思想，係就現代而言，故本章所論之社會運動，亦爲現代社會運動。故現代社會運動，若就上述之狹義解釋，即無產階級一切解放運動之總稱也。

資本主義發達之結果，社會主義組織，必孵化於資本主義組織之中，故生產力與生產關係之衝突，終能顚覆資本主義組織，同時卵化爲雛，而社會主義組織遂以實現。惟此種變化，由漸而進，一旦孕育成熟，則社會之面目一新，此乃社會進化之理法，決非人力所能左右。助長此社會主義化之趨勢，隨其目的之所向，而促速其進行之途徑者，社會運動也。故社會運動，恆以階級鬥爭之形式，造出人類社會之歷史焉，社會主義者，目的也；階級鬥爭者，手段也，二者皆歷史的必然性之產物也。其成爲目的而表現者，則爲社會主義；其成爲手段而表現者，則爲社會運動。

社會運動，以謀無產階級之解放爲目的。而所謂解放之內容，則含有物質的及精神的兩部分，無產階級欲謀得精神的解放，必先謀得物質的解放。欲謀得物質的解放，必先脫離資本之支配，占得物質的獨立之地位；欲脫離資本之支配，必從速撲滅資本主義之經濟組織，此不易之理也。撲滅資本主義之方法，不出兩途，其一卽捨棄現代之大企業組織而恢復昔日之小企業組織；其二，卽保存現有之大企業組織，惟將其生產手段化爲公有而共同經營之而已。第一方法違背社會進化之原則，且現代無產階級之存在，以大企業之經濟組織爲前提，故惟有採用第二方法，最爲合理，最爲適當。

然欲脫離資本之勢力以解放無產階級，必有他種勢力可以抵抗資本之勢力始能奏効。此種可以抵抗資本勢力之勢力無他，卽依階級的利益團結而成之現實勢力是也。無產階級苟能結成此種現實之勢力，卽能戰勝資本階級，開擴其自身之新運命。故社會運動之淵源卽此無限之勢力，而其進行之途徑，則爲階級鬥爭也。

故現代社會運動之意義，可一言以蔽之，卽無產階級爲謀實現社會主義而行之階級鬥爭也。

第二節　社會運動之派別

社會運動之派別甚多，然就其性質加以分析，則可別爲進化的及革命的兩大派。所謂進化派，卽普通所謂議會政策派者是。蓋認定舊制度之發達，自然產出新制度者也。所謂革命派，卽普通所謂直接行動派者是，蓋否定舊制度以樹立新制度者也。前者溫和而富有烏托邦之臭味，注重漸進改革；後者激烈而富有破壞之精神，注重打破現狀。此近世社會運動之兩大潮流也。茲分別述之。

第一　議會政策派　議會政策派主張利用現行國家機關，實現生產機關共有制度，以建立新社會組織。其唯一入手方法，在選舉多數主張社會主義之同志，送入議會，使彼等構成議會中之多數黨，藉資本階級國家之權力，在立法及行政各方面，以期逐漸樹立革新之法制，達到社會主義之目的。此派之主張，除承認生產機關公有一事以外，與普通民治主義之社會改良派實無甚區別也。

議會政策派之中，亦有急進及緩進兩派。急進派雖主張議會政策，然不主張與一切資本階級政黨合作，非至本黨自握政權，決不加入任何黨派之內閣，本黨之議員，平日惟知借用議會爲宣傳主義之機關而已，如初期之德國社會民主黨是也。緩進派視議會政策爲達成社會主義之唯一手段，主張與資本階級政黨妥協，遇有必要，亦得與他黨組織立內閣，一俟在議會取得多數黨之地位，卽提出本黨主張，改革法制以實現社會主義，如今日德國之社會民主黨與獨立社會黨是也。兩派之主張雖有急進緩進之別，而其利用現行國家機關以實現社會主義則一也。

第二，直接行動派　直接行動派，可分為經濟的及政治的兩大派。經濟的直接行動派，主張純恃勞動階級在經濟上之團結力以實現社會主義，如法國之工團主動派，美國之I．W．W．派是也。此派否認議會政策及選舉運動等之間接行動，謂議會為資本階級以金力及武力範圍之遊戲場，勞動階級苟選派代表送入議會，以希望假藉國法保護本階級之利益，則不惟沮喪勞動者團體的行動及意志，且彼等代表人一旦身列議會，卽不免受名譽心及利己心所驅使，演出妥協行動，賣勞動者以求榮。故欲實現社會主義，絕對不能利用議會政策，其唯一方法，唯有拋棄所謂合法的手段，團結勞動者所有之物理力，以直接行動而已。

經濟的直接行動之主要方法為總同盟罷工，其補助方法為同盟罷工，同盟怠業，經濟絕交。總同盟罷工，卽勞動者同時使經濟上占有重要地位之各大產業停止活動，藉以變更經濟組織之意也，此種性質之總同盟罷工，非在勞動階級組織最鞏固之時，不易实現。同盟罷工，卽勞動者同時停止工作，藉以威脅資本家，貫徹其要求之謂也。同盟罷工分政治的及經濟的兩種。經濟的同盟罷工以改良勞動條件爲目的；政治的同盟罷工，以顚覆現社會組織爲目的。前者爲一切社會運動派所通用之手段；後者爲經濟直接行動派所採用之補助手段。同盟怠業爲變相之同盟罷工，勞動者雖繼續作工，而故意延緩活動，或造出劣貨，或毀損器械原料，直接間接使資本家方面感受損失，因而承認其要求而後已。經濟絕交卽勞動者同盟不與企業家相交易之謂，或相約不受企業家所雇用，或同盟排斥企業家之生產物，使資本家方面感受損失，亦此派所采之補助方法也。

此派所用之手段雖多，而其最主要者厥爲總同盟罷工，其餘皆爲促成總同盟罷工之補助手段，藉以逐漸獲得自由，養成勞動者之階級的覺悟，以期一舉而停止現經濟的活動，改造經濟組織者也。故總同盟罷工爲此派實現社會主義之唯一重要方法，實含有革命之意義在也。

政治的直接行動派，專恃政治活動以組織無產階級，推翻資本階級，實行無產階級專政、藉以實現生產機關共有制度。此派爲鼓吹主義起見，亦主張選出多數同志送入議會，以宣傳其主義與政見，以爲組織勞動者之手段，但絕對不欲利用議會政策或立法運動以貫徹其主張，亦不與任何政黨合作參與政權之分配。其唯一主要方法，在企圖政治革命，以謀勞工專政之實現。至於促成政治革命之方法，則從宣傳與組織入手，俟宣傳與組織皆次第成熟之時，則利用機會，舉行政治的同盟罷工，政治的示威運動，政治暴動，并組織赤衞軍，豎立革命之旗幟。革命成功，則建立獨裁政治，以完成經濟革命，建立社會主義社會。今日各國共產黨之社會運動，皆屬於此派。

第三節　社會運動之機關

社會運動乃無產階級爲實現社會主義而行之階級鬥爭，故無產階級當實行階級鬥爭之時，必組織社會運動之機關。此機關爲何，卽黨派與勞動組合是也。勞動組合爲無產階級之主力軍隊，而黨派則此主力軍隊之司令部也。

就今日世界之現狀言之，各國無產階級社會運動之機關，種類頗多，若依前節所述社會運動之派別分類，亦可析爲三大派。其一爲議會政策派之社會運動機關，如各國之社會黨，勞動黨，社會民主黨及其所屬之勞動組合是也。其二為經濟的直接行動派之社會運動機關，如法國勞動同盟與美國I•W•W。及其所屬之勞動組合是也。其三為政治的直接行動派之社會運動機關，如各國之共產黨及社會民主黨中之左黨及其所屬之勞動組合是也。三者之中，法國勞動總同盟及美國I•W•W•為組合之總稱，非政黨之組織，其唯一目的，在組成產業的勞動組合以實現其總同盟罷工之理想，其對於所屬之產業的勞動組合，除發號施令統籌全局外，其任務殆屬一致，至於議會政策派及政治直接行動派兩者之政黨與其所屬勞動組合之任務及其相互關係，各自有其不同之系統，茲分別述之於下，以覘現代社會運動之趨勢焉。

議會政策派之政黨，由進化的社會主義分子組織而成，其目的注重選舉運動，以期選派多數同志為議員，取得議會中多數黨之地位，徐圖變更法制以實現社會主義，其政綱則依據社會政策而定，不作進步之要求，其紀律則採用合議精神，不強制其黨員絕對遵守。此派之勞動組合，以職業為單位，有熟練工人與不熟練工人之區別；其組織採分權主義，其任務在改良勞動條件。此派之政黨與勞動組合，為同等之組織，當重要事件發生之際，兩者成為對等之契約當事人，必得雙方之同意，始得有效，蓋主張政黨專為政治的活動，組合專為經濟的活動者也。至於組合中之黨員，直接隸屬於所在地之政黨支部，不在組合內另立團體，以政治活動與經濟活動分立故也。

政治的直接行動派之政黨，由革命的社會主義者組織而成，其目的在糾合一切無產的革命分子，推翻有產階級權勢，以掌握政權，然後藉政治權力，沒收資本階級　切資本，樹立社會主義制度；其政綱則較已成之社會政策，作進一步之要求，但期不違反唯物史觀之原理；其紀律則採用鐵的獨裁制，黨員有絕對服從之義務。此派之勞動組合，以產業為單位，無熟練工人與不熟練工人之區別，其組織則採用集權主義，其任務在指揮勞動者從事經濟上之鬥爭，並協同政黨擴張政治革命之勢力。政黨與組合之關係，以組合隸屬於政黨為原則，蓋主張組合聯結政治的鬥爭與經濟的鬥爭為一致者也。組合中之黨員，須於組合內成立分部，受所在地政黨之指導，且在組合中拉致黨員，以擴大本黨之組織，並影響其組合遵行本黨之政策焉。此各派社會運動機關之大較也。

第四節　社會運動之種類

社會運動之種類，可析爲三；即勞動運動，婦女運動及準無產者運動是也，茲分述之。

第一　勞動運動　勞動運動可分三項說明之。

其一爲勞動組合運動。現時勞動組合運動，因其主義與精神之不同，亦可分爲二種。第一爲職業的勞動組合主義，其目的在以各種職業爲單位，團結勞動者，而先謀各種職業勞動者之利益。第二爲產業的勞動組合主義，其目的在以各種產業爲單位，組織勞動組合，而謀勞動階級全體之共同利益。第一種之勞動組合運動發達最早，第二種之勞動組合運動發達最遲。前者對於政治運動偏重議會政策，後者則排斥議會政策，而帶有革命之傾向。前者以職業爲單位，足以分裂勞動階級，後者以產業爲單位，能團結勞動階級爲一體，故後者較前者爲進步。

其二爲勞動政黨運動。即勞動者組織獨立政黨，以從事政治運動者也。其派別已見前節，茲不贅述。

其三爲消費組合運動。勞動組合運動，爲生產方面之勞動者謀利益，消費組合運動，爲消費方面之勞動者謀利益，兩者實有互相補助之效力。故消費組合運動雖屬純粹經濟運動，然有團結勞動者啟發階級意識之功用，亦可稱爲一種社會運動也。

第二　婦女運動　婦女運動，在社會運動上亦有重要意義。勞動運動爲勞動階級對於有產階級要求解放之運動，究屬於男子方面之問題；婦女運動爲女子對於男子要求解放之運動，則屬於男女雙方之問題，其影響於社會組織之根本者甚巨。惟婦女運動缺乏經濟的基礎，故其發達至爲遲緩。然在今日，婦女問題已與勞動問題相結合，而構成婦女勞動問題，其社會的意義愈益重大。勞動問題固不能離婦女問題徹底解決，同樣，婦女問題亦不能離勞動問題單獨處理。故今日婦女運動之趨勢，其中心已由中流婦女移於無產婦女，而成爲最有意義之社會運動矣。

第三　準無產者社會運動　準無產者社會運動，可分兩項說明之

其一爲經濟生活改良之運動，如學校教職員下級官公吏以及被私人或私人團體雇傭之司事等恃月薪爲生活之人員，爲改良其生活境遇，而舉行之團體的運動是也。此項運動雖屬經濟的性質，然與溫和的勞動組合運動之目的無甚差異，亦不失爲一種社會運動

也。

其二為智識階級結合勞動者而實行之社會運動　現代勞動運動之發生及發達，殆無不由智識階級之社會主義者為之指導。革命的勞動運動之組織，由智識階級計畫之；勞動運動之思想的基礎，由智識階級構成之。在勞動運動發達之今日，勞動者自身之中，固不乏指導之人才，然要以智識分子之指導者，占居多數。且此後勞動運動愈發達，而其哲學的，倫理的，法理的，及藝術的各方面之理論的開展，愈有賴於智識分子之努力，始能成就。勞動階級之社會的政治勢力愈增進，而智識分子對於此等方面所負之任務愈重大，此可由現代各國勞動運動之事實證明者也。

第五節　國際的社會運動

自前世紀以來，資本主義經濟組織，已逐漸超越國境，構成世界經濟矣。交通機關之完備，一面產出物質上之國際化，同時又產出思想上之國際化焉。產業組織既成就其國際的發達，則勞動者國際的利害共同之思想亦必隨而發達，此自為之勢也。故社會主義為資本主義之產物，而社會主義之國際的運動亦為資本主義國際化之產物也。

國際社會運動之發端，在資本主義普及於歐洲各主要國家以後，所謂共產主義同盟，實其最初之序幕也。共產主義同盟，成立於一八四七年冬季，馬克思及恩格斯被推爲領袖，有名之『共產黨宣言』，即彼二人所起草者也。『共產黨宣言』，以『萬國勞動者，其團結而起乎！』一語作結，共產主義同盟即以實行國際社會運動爲目的者也。惟當時勞動運動尙不發達，而加入此同盟者，不過三五國之共產主義信徒，尙不能成爲國際運動，故其勢力甚微。至一八五二年遂至自然解散。

迨至一八六四年，各國勞動運動，逐漸發達，英德法意比奧等國之革命分子，於倫敦組織萬國勞動者同盟，是爲第一國際。其宣言由馬克思起草，中有云：『以前之運動所以皆歸於失敗，實由各國勞動者之間缺乏團結力所致。此種運動決非一地方的或一國的性質，蓋含有更廣汎之社會問題在內，故勞動階級必須在國際的組織之下團結，始能有效』，第一國際之精神於此可見矣。自此以後，第一國際曾集會數次，并議決多種國際的問題，惟至一八七二年，內部分爲馬克思派及巴枯甯派，同盟之勢力頓減，遂至於消滅。然『萬國勞動者，其團結而起乎！』一語，因第一國際之示範，開世界革命運動之先河，其在國際運動之歷史上，厥功則甚偉也。

第二國際於一八八九年在巴黎組織成立，加入者爲各國社會黨　故又有『萬國社會黨大會』之稱。是時國際運動之經濟基礎逐漸確立，各國勞動者因共通之利害關係發生共通之階級意識，故國際的結合亦較爲鞏固。第二國際統續第一國際，確定國際運動之方針，組織無產階級而訓練之，其功績實有不可埋沒者。惟加入之各國社會黨，大都採用議會政策，頗帶改良主義之臭味，爲左派分子所不滿，且值歐戰發生之時，多先後違反非戰運動之决議，各自參加本國資產階級之戰爭，以致國際之結合渙散，因而停頓者五年。歐戰終熄以後，英國勞動黨及德國社會民主黨二十七國代表，謀第二國際之復活，於一九二〇年召集大會，擬訂新綱領及規約，繼續國際運動，以與第三國際相對抗，雖屬黃色國際，而其勢力則固不可侮也。

第三國際於一九一九年在莫斯科組織成立，發起者爲列甯所領袖之俄國共產黨及李卜克內西所領袖之德國斯巴達卡斯團（今已改名共產黨），加入者爲世界各國之共產黨，故又稱『國際共產黨』。第三國際復活第一國際之精神，摘發第二國際之虛僞，從新決定用武裝的鬥爭，企圖世界革命，建設國際勞農共和國，以勞農會之形式，實行無產階級專政，旗幟鮮明，行動急進，其聲勢駕乎第二國際之上，誠世界革命之總機關也。

除上述第二第三兩國際之外，更有二半國際及第四國際焉。二半國際係騎牆派德國獨立社會黨及法蘭西聯合社會黨等團體所組織，既不加入第二國際，亦不加入第三國際，故有『二又二分之一』國際之稱。第四國際，由德國共產勞動黨與英荷蘭等國之極左派團體組織而成，雖亦主張共產主義，而不與第三國際合作，另標新幟，頗聳動世人之視聽。然此二國際勢力甚微，故現時勢均力敵者，惟黃色之第二國際及赤色之第三國際而已。

各國無產階級政黨裂成黃色及赤色兩大派以後，同時勞動組合亦裂成二大派，以協同第二第三兩國際從事國際運動。阿姆斯特坦之國際勞動組合同盟，稱為黃色勞動者國際，創立於一八九〇年，在歐戰當時，隨第二國際同時瓦解，至一九一九年始於阿姆斯特坦宣告恢復，與第二國際協同行動，加入之勞動者在二千萬以上。莫斯科之赤色國際勞動組合同盟，創立於一九二〇年，加入之勞動者在一千三百萬以上，與第三國際協同行動。前者從事經濟的運動，以謀無產階級之向上，後者於經濟的運動之外，更舉行革命的政治行動，以謀無產階級之解放，故兩者之目的，悉與其所屬之國際相同者也。

此外加入第三國際之國際團體，則爲國際共產主義青年團。二十世紀之初，歐洲發生一種組織國際青年勞動者之運動，由李卜克內西等所領導，即一九〇七年在司徒加特所組成之國際社會主義青年團是也。其目的在推廣青年勞動者之教育及從事經濟的鬥爭，在歐戰發生後亦曾集會協議平和問題，逮第三國際成立，即行加入，改名爲國際共產主義青年團，各國青年社會主義團體加入者達二十餘國，其運動之成績亦不少也。

第十六章 帝國主義

第一節 帝國主義之界說

本書所論帝國主義，乃經濟的帝國主義，卽資本主義的帝國主義是也。帝國主義爲現代之特徵，亦卽西歷十九世紀末葉以來所生之社會現象，自經霍布遜柯祖基赫魯發丁列寧布哈林諸人之研究，而其眞相乃大白於天下。惟上述諸人之中，其對於帝國主義能爲精刻透闢之研究者，則莫列寧若也。列寧曾著有『資本主義末期之帝國主義』一書，所言洞中肯要，今之研究帝國主義者皆宗之，本章所論，亦以列寧氏之研究爲根據，並參考布哈林之說而引申之者也。

據列寧氏所見，帝國主義爲資本主義之最高階段。由資本主義至帝國主義之間，有一過渡時期，此過渡期之經濟的基礎，爲資本主義的獨佔組織之成立與自由競爭之排除。自由競爭爲資本主義及商品生產之根本特徵，而獨佔則與自由競爭正相反對。然當自由競爭開始變成獨佔組織時，則大資本吞併小資本，大企業驅逐小企業，而資本集積與生產集積之現象以成，其結果遂使卡迭爾，新提嘉，托拉斯等企業團體之資本與銀行之資本相融合，而形成小數獨佔的大銀行之資本。同時自由競爭產出之獨佔，仍不能脫離自由競爭，且與自由競爭共同存在，遂至引起更激烈更廣大之軋轢與鬥爭，於是資本主義化爲帝國主義。故獨佔組織實由資本主義達到帝國主義之過渡現象也

若就以上所述而爲帝國主義作一簡單之界說，則『帝國主義者，實獨佔期之資本主義』也。此界說含義至廣，且能概括帝國主義之特徵焉。帝國主義之特徵有五：生產與資本之集積達於高級程度，而決定經濟生活之獨佔以生，此其一；銀行資本與產業資本融合，成爲金融資本，而金融寡頭政治以生，此其二；資本輸出代替商品輸出之位置，而取得重要之意義，此其三；資本家國際的團結成立，遂至分割世界，此其四；資本主義列強對於世界領土之分割，完全終結，此其五。五者之中，要以獨佔組織爲最基本之特徵，其餘四者皆爲獨佔之另一形式，資本主義發展至於此期，則化爲資本主義的帝國主義。故曰，帝國主義者，獨佔期之資本主義也。

以上爲列寧所下之界說，若就布哈林之界說而言　則其意義尤易明瞭　據布哈林所

見，獨占生產之結果，遂以促金融資本之成立，金融資本成立，則各國資本家及資本主義各強國，卽利用之以實行其宰割天下分裂河山之侵略政策，而其侵略之目的物，無非在爭得販賣商品之市場，爭得產生原料之地域，爭得輸出資本之處所以增殖其資本而已。故帝國主義者，卽利用金融資本以爭得商品市場，原料產地，投資處所之侵略政策也。

第二節　帝國主義之特徵

帝國主義之特徵，據列寗所見，其重要者可分五項，已於前節略述，茲爲分別說明於下。

第一　生產之集積與獨占之成立　自由競爭之結果，小生產被大生產所吞倂，小企業被大企業所驅逐，而資本集中之現象以成。於是團體的企業代替個人的企業，而股分公司遂以出現。股分公司者，乃大規模之企業組織，其目的在集合多數資本家之資本，構成雄厚之資本，以期制勝於企業界者也。自是以後，資本集中之發展愈速，至最近乃更有卡迭爾，新提嘉，托拉斯等聯合企業起而代替個人企業及單獨股分公司之位置，而獨占組織遂以發生。卡迭爾托拉斯等之獨占組織，乃自由競爭盛行以後，產業界小數巍然獨存互不相下之大企業，協謀操縱市場，共同掠奪顧客之企業聯合也。獨占組織發生，則小數卡迭爾托拉斯，即能制勝自由競爭，完全佔有市場，發揮資本威力，而以自由競爭爲特徵之舊式資本主義遂化而爲以獨占組織爲特徵之新式資本主義矣。

第二　金融資本與金融寡頭政治　獨占組織發達，資本家則利用銀行積蓄所得之利潤，以備擴充企業之用，而資本之增殖愈速；同時銀行亦利用資本家自由之資本，放欵於他項企業家爲舉辦企業之資金，而銀行之效用愈宏。於是產業資本與銀行資本兩相融合，遂以構成金融資本，金融資本發生，更能助長獨占組織之擴大，於是卡迭爾托拉斯，不僅集合同種之企業，且更進而聯合多數不同種之生產部門　構成規模更大之組織。蓋銀行能利用其金融資本，繼續聯合多種之企業爲一綜合之大企業，而成爲操縱一切生產部門之樞紐。美德諸國托拉斯及卡迭爾之總經理人多爲銀行重要人員，即其明証也。資本主義發展至於此境，則全國產業，皆得由銀行以金融資本聯合於托拉斯卡迭爾獨占組織之下，而支配此等大獨占組織之人，則爲少數處於經濟的最高地位之大銀行家。於是此等少數大銀行家，更利用其金錢勢力，直接壟斷國家政權，以增進其階級之利益，冕爲金融寡頭政治。故今日之英美德法各資本主義國家，在金融資本支配之下，儼成一最大之托拉斯或卡迭爾，銀行家及托拉斯卡迭爾等之股東，則立於支配階級之地位，以剝削無數工農奴隸者也。

第三　資本之輸出　獨占組織與金融資本，雖能驅逐國內之自由競爭，而國際間資本家之自由競爭，反因此愈形激烈。各國資本家欲制勝於世界市場之自由競爭，則惟有設法擴張其掠奪顧客之範圍，以增加其所能得之利潤。而擴張其掠奪顧客範圍之方法，則不外利用其過剩之資本，對需要資本之國家或工業後進國家，實行投資之事業。資本勢力所及之範圍，卽顧客所在之處所，亦增加利潤之一出路也。前世紀末葉以來，英法德美諸國資本之輸出，較諸貨物之輸出，尤有重要之意義，卽其明證也。然對外投資，事至危險，必有武力爲後盾，始能保持資本之安全，故各國資本家，盡其力之所能，必利用武力併合其所投資之弱小國家，使隸屬於本國政治權力之下，否則亦準備相當之武力以臨之。此資本之輸出，所以能引起國際戰爭也。

第四　國際資本家對於世界市場之分割　國際間自由競爭之結果，各國勢均力敵互不相下之托拉斯卡迭爾新提嘉，爲謀暫時避免自由競爭之弊害計，乃協同組織國際的獨占托拉斯卡迭爾新提嘉，以分割世界之市場，並秘密協商各國所應分得之數量，如歐戰以前之國際資本家秘密組織之獨占同盟是也。然此種國際獨占組織亦無永久緩和國際間自由競爭之效力，蓋財閥之貪婪無厭，表面上雖傾向於國際的聯合，而一旦實力充足，則無不欲由一己以獨占世界市場，而不許他人染指者，故當歐戰未爆發之時，英德法諸國之銀行家與托拉斯卡迭爾新提嘉等主人，所以皆欲實現其建設世界帝國之迷夢者，職此故也。

第五　列強對於世界領土分割之完結　十九世紀末葉以來，世界各資本主義國家，爲謀爭奪商品市場及原料產地並保護其所投之資本，使用最强暴之手段，佔領弱小民族之土地。據布哈林之統計，在一九一四年之時，所謂英法德美日及舊俄帝國等六大强國，其本國之領地面積合計僅有一千六百萬平方啓羅米突，而其所刦掠之殖民地面積，則有八千一百萬平方啓羅米突之多，全世界之弱小民族皆爲所瓜分，而世界領土之分割，亦告終結矣。

列强對於世界領土之分割旣盡，則彼此之勢力範圍，完全確定，此後欲保持世界和平，惟有互不相侵，苟欲妄行移動以染指於他國之勢力範圍，則牽一髮而動全身，而國際戰爭以起，此世界戰爭之由來也。

第三節　帝國主義與中國

國際帝國主義者侵略世界弱小民族之方式有三；第一，可獨吞者則獨吞之；第二，不能獨吞者，則分割之；第三不能獨吞亦不能直接分割者，則以變相之分割方法處理之。中國地大物博，列强因均勢之故，不能不利用第三之侵略方式，使屈伏於帝國主義鐵蹄之下，中國遂以開『國際的半殖民地』之新局。

帝國主義者對於中國之侵略，可分爲政治的經濟的兩種，經濟的侵略，卽在於利用金融資本支配中國，使成爲彼等之商品市場原料產地與投資處所；政治的侵略，卽在於利用武力或政治的優越勢力控制中國以予取予求　經濟的侵略，目的也；政治的侵略，手段也。海通以來，中國所受帝國主義之壓迫，日甚一日，至今日而尤亟，綜其大要可得而言焉。

其一　關於政治的侵略者　海禁未開以前，中國閉關自守，資本主義商品，無由侵入中國之市場，故帝國主義國家不能不挾其武力以為輸入商品之嚮導，中英鴉片戰役，其見端也。鴉片戰役失敗，不平等之江甯條約成立，割香港而開五口通商，資本主義商品乃得洞穿中國之銅牆鐵壁，而啓帝國主義侵略之漸。自鴉片戰役而中日戰役而庚子戰役，自江甯條約而馬關條約而辛丑條約而廿一條款，中國在事實上已為國際帝國主義者所征服，喪失其抵抗之能力，列强乃利用不平等條約，行使政治上之優越勢力，以宰制中國矣。如賠欵之勒索，九龍台灣琉球安南朝鮮之割讓，廣州灣威海衛膠州灣旅順大連等租借地之劃分，上海沙面天津漢口等租界之開闢，各處商埠之開放，外國之領事裁判權，租借地租界及其他中國境內之外國行政權，協定關稅制及其他保護外國商品與外人經營產業之規定，外人之中國財政管理權，外國之內地駐兵權及內河領海航行權，外人在內地之傳教權及文化之施設等項，不一而足，要皆為帝國主義者利用以控制中國使永為彼等之原料產地商品市場投資處所之工具而已。

其二　關於經濟的侵略者。經濟的侵略可分三項，即販售商品，採取原料及投資是也。據一九二三年之對外貿易統計觀之，輸入額在十億元以上，輸出額在八億元以上，而輸入額中十分之七爲工業製造品，輸出額中十分之八爲原料品，帝國主義列强之利用金融資本使中國化爲彼等之商品市場與原料產地，即此已可概見。至列强對於中國之投資，則可分爲直接投資，間接投資及中外合辦事業之三種。所謂直接投資，即外國資本家直接投入其資本於中國境內以經營事業之投資，如鐵路投資，鑛業投資，工業投資，銀行投資，航業投資之類是也。所謂間接投資，即外國資本家購入中國國債及地方公債或中國私人公司股票債票之投資，如中央及地方之政治借款，經濟借款，以及對於漢冶萍公司南潯鐵路之投資是也。所謂中外合辦事業，即外國資本家提出資本與中國合辦事業，如所謂中英合辦，中法合辦，中日合辦，中美合辦之各種事業是也。此項國際投資之數目，無慮數十百億，其中之大部分則皆掠自中國而復投入中國，更以掠奪吾民者也。

帝國主義之爲禍於中國，至今日而極矣，金鐵奴我以物質，宗教奴我以文明，教育奴我以服從，勾結我國賊，製造我內亂，塗炭我人民，跡其用意，直欲永遠陷中國於分崩離析萬刦不復之境，以繼續其掠奪宰割之政策而已。帝國主義不死，大盜不止，中國年來之國民革命運動，其殆爲帝國主義侵略之反響也歟。

第四節　帝國主義之消滅

如前所述，帝國主義列强對於世界領土之分割已畢，則其掠奪之勢力範圍完全確定，此疆彼界，不容侵犯，於是患得患失，爾詐我虞，更不能不進一步努力擴張軍備以爲帝國主義侵略之後盾。據布哈林之研究，歐戰以前，各托拉斯國家，已於陸海空三方面豎立數百萬刺刀，準備一次世界大衝突，重以槍炮托拉斯大王之慫恿，及其他若干托拉斯卡迭爾新提嘉主人之經營，而貪心大萌，殺機頓起，無不欲掀起戰爭，打破國際的平和秩序，從新分割全世界。故英德法俄各帝國主義無日不欲征服全球建設其『大不列顛』『大德意志』『大法蘭西』『大俄羅斯』等世界帝國，而置十數億之世界人民於奴隸地位，供其宰割。一九一四年至一九一八年之第一次帝國主義戰爭，卽由此種動機爆發而成者也。

帝國主義戰爭之結果，全世界化爲暴風烈雨之場，戰勝之帝國主義者得達成其從新宰割全世界之目的，同時復竭全力以大舉剝削無產階級，加倍塡償其在戰爭中所受之損失，而被禍最烈者，實各國無產階級與全世界各弱小民族也。

歐戰以還，帝國主義列強，一面企圖經濟恢復，一面復努力擴張軍備，以準備第二次世界大戰，此國際之新局勢，凡留心時事者類能言之。然各國之無產階級及各弱小民族感於前次大戰之教訓，亦痛定思痛，努力謀國際的團結，以準備撲滅帝國主義之世界革命，此又可由國際社會運動及世界各弱小民族之解放運動以推知者也。然則推倒帝國主義者，其惟世界革命乎？

第十七章　世界革命

第一節　世界革命之意義

自古代民族之爲土地與食物而互相鬥爭也，而征服與被征服之事實以生；自奴隸制度因民族互相征服之事實而成立也，而經濟的剝削與被剝削之階級對立以著；自民族隸屬之隨奴隸制度而繼續存在也，而政治的支配與被支配之關係以成。是故民族鬥爭爲階級鬥爭之先驅，而階級鬥爭又爲民族鬥爭之結果。此古代民族鬥爭與階級鬥爭之關係也。

降逮封建時代，實行政治的支配與經濟的剝削者爲封建地主階級、其被支配被剝削者則爲工商農奴階級。此時劣敗民族對於優勝民族之隸屬關係，一與工商農奴對於封建地主之隸屬關係無異也。此封建時代民族鬥爭與階級鬬爭之關係也。

迨至近代，有產階級推翻封建地主階級，樹立有產社會組織，建立民族國家，成爲剝削者支配者之階級，因而無產者亦由農奴轉化而成爲被剝削被支配者之階級，而近代之階級鬥爭以成；同時弱小民族對於優勝民族之隸屬關係，亦一變而成爲無產階級對有產階級之隸屬關係，而近代之民族鬥爭以成。此近代民族鬥爭與階級鬥爭之關係也。

由此觀之，伊古以來，民族隸屬與階級隸屬，民族鬥爭與階級鬥爭，其變遷之形式雖不一，而其起源於經濟的政治的利害之衝突，則初無二致也。

近代無產與有產之階級鬥爭，爲階級鬥爭之最終形式；同時近代弱小民族與強大民族之民族鬥爭，亦爲民族鬥爭之最終形式。無產階級苟得解放，則弱小民族亦隨而解放，階級隸屬之事實消滅，則民族隸屬之事實亦必歸於消滅；反之，民族隸屬之事實消滅，則階級隸屬之事實亦必歸於消滅。此民族革命與社會革命所以相須並進而構成世界革命者也。

第二節　世界革命之對象

民族革命云者，弱小民族脫離強大民族支配之謂也，社會革命云者，無產階級脫離有產階級支配之謂也。兩者之形式不同，而其革命之對象則一，一者何？帝國主義是已。帝國主義之經濟的要素爲資本主義，帝國主義之政治的要素爲國民主義。近代階級鬥爭與民族鬥爭，實由此資本主義醞釀而成，更由此國民主義之助長而愈趨激烈者也。

帝國主義經濟的發展之程序，可分爲五種階級。第一，資本主義確立以後，產業之發展，一日千里，遂以促進資本之集中。資本與生產集積之結果，產業界之自由競爭乃一轉而趨於獨占，貧富之懸隔愈甚，而階級之對抗益顯，此階級鬥爭之經濟的原因也。第二，獨占成立，遂促進銀行資本與工業資本之融合而成爲金融資本，造成金融之專制。第三，金融專制成立，則對外貿易乃由貨物輸出而變爲資本輸出。第四，資本輸出成爲對外貿易之主要素以後，各國資本階級實際從事於國際的獨占之組織而分割全世界，此民族鬥爭之經濟的原因也。第五，世界分割竣事，列強經濟勢力範圍，完全確定，遂至互相對抗，互相猜忌。此世界戰爭之經濟的原因也。

帝國主義之政治的發展，與其經濟的發展幷行，亦可分爲三種階級。方其始也，資本階級掌握國家權力，創設軍隊警察，以擁護其經濟上之利益，鎮壓國內之階級鬥爭，此助長階級鬥爭日趨激烈之政治的原因也。其繼也，創設大規模海陸軍備，利用有政治意義之民族意識，以期控制其所已得之殖民地與半殖民地，此助長民族鬥爭日趨激烈之政治的原因也。最後，努力擴張軍備及航空事業，執國民主義號召本國無產階級，藉以緩和其階級對抗之趨勢，而期制勝於世界戰爭，此帝國主義戰爭循環不已之政治的原因也。

時至今日，帝國主義已危機四伏矣。就階級鬥爭方面言，各帝國主義國家，若英若法若意若美若日，其國內無產者之政黨，均已次第組成，或爲共產黨，或爲社會黨，或爲勞動黨，皆具有不可侮之勢力，其名稱雖不同，而其目的則皆在於絕滅資本主義，是誠帝國主義第一大致命傷也。次就民族鬥爭方面言，世界弱小民族。皆有反帝國主義運動，若愛爾蘭，若印度，若中國，若菲律賓，若埃及，若土耳其，若朝鮮，若摩洛哥，若波斯，若美索不達米亞，其民族運動，正如雨後春筍，愈演愈烈，雖領導此運動者，或爲共產黨，或爲民主派，而其共同目的，則皆在反抗資本主義侵略，以謀政治的經濟的獨立，是誠帝國主義第二大致命傷也。彼帝國主義國家，既有階級鬥爭之內訌，又有民族鬥爭之外患，百孔千瘡，窮於應付，猶復殫精竭慮，汲汲焉準備第二世界大戰，以少數帝國主義者流，而臨多數反對者之大敵，如朽索之馭六馬，其淪亡特旦暮耳

第三節　世界革命之方法

孫公中山有言：『全世界十五億人口中，最強盛者厥爲歐美四億白種人。此四億白種人中，除不贊成侵略之赤俄一億五千萬人外，最強暴者僅有十二億五千萬人，故今後世界人類之大決鬥，實即十二億五千萬人之決鬥也。雖然，此二億五千萬之白種人外，余請爲之以六千萬之日本黃種人焉，是世界最強暴之侵略民族實有三億一千萬人。然此三億一千萬人中之支持帝國主義者，至多不過十之一，其實數亦僅三千一百萬人而止耳。故今後世界之大決鬥，實十四億六千九百萬人對三千一百萬人之決鬥也。彼三千一百萬人今日所以能控制十四億六千九百萬人者，以其握有絕大之政治力與經濟力也，然此十四億六千九百萬人他日苟能一致結合與之對抗，帝國主義之倒潰必矣。

間嘗考之世界最近反帝國主義。動之大勢，而發見其三種傾向焉，即無產階級國際的聯合，弱小民族國際的聯合，及先進國無產階級與弱小民族之國際的聯合是也。

世界無產階級政黨之國際聯合，勢力最大者現有第二國際及第三國際。第二國際由英國勞動黨德國社會民主黨及其他同宗旨之三十國勞動政黨組成之，蓋採取緩進之方針者也。第三國際由俄德共產黨及世界各國家各民族之共產黨組成之，蓋取急進之方針者也。至於勞動組合之國際團體，現有阿姆斯特坦之黃色國際與莫斯科之赤色國際。前者與第二國際同調。後者與第三國際同調。此類無產者之國際聯合，雖有急進緩進之別，而其反帝國主義之傾向則一，惟程度有深淺耳。此等國際固有結成共同戰線之可能也。

弱小民族之民族運動，醞釀已久，至近年而始著，其國際的聯絡雖不如無產者國際有長期歷史，而各民族革命黨派之協議以謀聯合作戰者，亦有事實可證，曩年反對華盛頓會議而集合於莫斯科之東方民族會議，卽其一例。繼自今民族運動苟日益進展，世界弱小民族固有結成共同戰綫之可能也。

先進國無產階級與弱小民族聯合，亦有具體之表現。各弱小民族之民族革命黨派，大都參與第三國際，而與各國無產階級攜手進行世界革命工作。據第三國際書記部之報告，各弱小民族，凡有勞動者存在之區，均有共產黨之組織，且皆加入第三國際。此類弱小民族之共產黨，皆民族革命之中堅，實爲弱小民族與先進國無產階級聯絡之唯一導綫。且各帝國主義國家之共產黨內部，又多有專設處理民族問題之分局，是則先進國無產階級與弱小民族，固有結成共同戰綫之可能也。

資本主義之運動，據馬克思之推測，已於十九世紀後半期，自掘墳坑，其所以能苟延殘喘而不卽亡者，實因世界尙有如許殖民地半殖民地爲其避難之場也。今也資本主義已發達至於最後階段，舉世被剝削階級皆大有覺悟羣起操戈而環擊之矣。吾嘗譬之，帝國主義國家之資本階級猶大盜也，其無產階級則被盜刼後起而擊盜者也，而弱小民族則富有貯藏而無禦盜能力者也。彼大盜者因避擊盜者之鋒，不得不挾其殺人越貨之故智以光顧富而無禦盜能力之人，刼其所藏而分其餘瀝以維持擊盜者之奴隸生活，藉以緩和其攻擊，盜之得以少安者以此。今富而無禦盜能力之人，旣悟大盜之足以窮人，而痛定思痛，帶甲荷戈，高其垣墉以禦之，若擊盜者與禦盜者協同行動，則盜將因一擊而斃可知矣。是故弱小民族之解放與先進國無產階級之解放，必互相協助，而後有成。英國無產階級革命實現，則愛爾蘭印度等之民族解放可期；日本無產階級革命實現，則朝鮮台灣等民族之解放可期。然前者之革命，又必有待於後者之民族革命爲之援應，始克有濟，此又事勢之所必然者也。吾故曰：民族鬥爭先階級鬥爭而生，又隨階級鬥爭而已也。

第四節　世界革命與國民革命

民族革命與社會革命之關係之目的及其實現之手段，上文已略述其概，茲更進而專論民族革命之步驟焉。

夫民族革命之對象雖在顚覆帝國主義，而弱小民族內爲虎作倀之封建階級或帝國主義者之代表，亦在推翻之列，此爲一般人所公認，固無俟余之贅論也。然領導民族革命運動者，果爲資產階級乎？抑爲無產階級乎？此首應發生之疑問也。

民族革命者，公理對强權之革命也。强權云者，卽一部分人對他一部分人實行政治的支配與經濟的剝削之謂；公理云者，卽剷除政治的支配被支配及經濟的剝削被剝削之階級差別之謂。以强權摧强權，則强權永存；以公理摧强權，公理勝則强權永滅。民族革命必循此以赴其鵠，始有意義。夫既稱民族革命，則顧名思義，當然爲全民革命之性質，惟當實行之際，作戰者有勇有怯，戰時之中堅分子，恆有偏於一方面之傾向。方其被强暴民族所侵略也，小資產階級與無產階級同處於被壓迫之地位，利害有共通之點，及大敵當前或屆戚功之際，則各因自身利害關係，而階級之意識以萌。近代所謂民族國

家之創立也　當其始無不執民族意識以號召。一旦革命成功，國基鞏固，則資產階級即發揮其自私自利之本能，對無產階級實行剝削支配，歷史上不乏其例也。革命前執公理以相標榜，成功後則舍公理而用強權，亦猶法蘭西大革命，資產階級高唱自由平等，成功後則以不自由不平等加諸無產階級也。如此實行之民族革命非世界革命之性質，乃以強權摧強權之性質也。若就無產階級之見地言，不過變更其掠奪者之國籍耳，何利之有？此種候補帝國主義者，不惟非先進帝國主義者之敵，世界無產階級且將羣起而攻之。此就進化之原則而言者也。若就今日民族革命之現狀而論，弱小民族之全體人民，其最感帝國主義壓迫之苦而覺知有革命之必要者，莫如工農無產分子。蓋弱小民族，產業異常幼稚，資產階級之有勢力者，大都爲商業資本家，而工業資本家次之。此類商業資本家、專恃販售帝國主義商品以逐利，語其實不過爲國際資本家之買辦或代理人而已。買辦階級不惟不革命，且多有反對革命者。至於工業資本家又多與反動派之封建階級及買辦階級相結納，亦乏革命精神，除歡迎排貨運動以乘機擴大其事業外，固厭聞革命者也。若夫勞動者流，因帝國主義之脅威，時時感受失業之危險，即幸而得傭力求食於國際資本家之手，而國際資本家復利用其政治優越勢力得以任意宰殺鞭責之，故彼輩仇視帝國主義，實較資產階級爲尤甚。至於農民，則直接受本國封建軍閥之誅求，間接受帝國主義商品之剝削，農村生活纔長增高，流離失所，隨處皆是，而欲求得一傭工苟活之機會，亦不可得，故其感受帝國主義與封建軍閥之壓迫，亦較資產階級爲甚。故工農無產分子雖與資產階級同感受帝國主義及其使者——封建階級及帝國主義者之代表——之壓迫，而後者較前者尤感利害切膚之痛，其革命精神亦特別激昂。弱小民族無產階級所以能成爲民族革命之中堅者以此。愛爾蘭獨立運動之中心，已由自由黨而移於共產黨；印度獨立運動之中心已由非妥協之甘地派而移於無產階級；朝鮮獨立運動之中心已由民主派之獨立黨而移於共產黨；卽其明證也。

第五節　國民革命之歸趨

民族革命雖由無產階級爲中堅，而其性質則爲國民革命，然如此以成功之革命，將採用資本主義以發展產業乎？仰將採用社會主義乎？此應發生之第二疑問也。

民族革命之步驟，第一在樹立政治的經濟的獨立，第二在以加速度發展其本國產業，力謀與先進國之文化相齊，以構成世界文化，形成世界大同社會之基礎。夫民族隸屬之事實所由生，實文化程度不齊之故，而弱小民族文化所以不進步，實因受帝國主義之壓迫不克發展之故，民族革命實在於促進文化之急速發達者也，然則弱小民族發展產業應採用進步之經濟主義可知矣。依經濟組織進化之程序言，資本主義成熟之後，始能進於社會主義，以弱小民族產業之幼稚，有尚在封建狀態者，有尚在半封建狀態者，即使民族革命實現，亦僅能開始實行資本主義，此世人所公認者也。雖然，資本主義亦有私人資本主義與國家資本主義之別焉。私人資本主義乃帝國主義之前身，即今各先進國所盛行者也，國家資本主義乃社會主義之過渡，即今俄國所採行者也。兩者性質不同，而其能促進產業之發達則一。故民族革命成功時，小資產階級得勢，則必採用私人資本主義；無產階級得勢，則必採用國家資本主義。若採用國家資本主義，則將來可以和平達於社會主義；若採用私人資本主義，則在進化途程中，必更經歷一度激烈的階級鬥爭也。中國今日一般人對於產業政策之見解，多主張採用勞資協調主義，期以社會政策限制資本。然社會政策苟能實行，則國家資本主義亦可實行，與其採用私人資本主義以引起將來之階級鬥爭，不如逕行採用國家資本主義之爲愈也。且無產階級既能成爲民族革命之中堅，則在成功之後，對於經濟上之建設，必不贊成私人資本主義而採用國家資本主義可知。國家資本主義乃社會主義之過渡，非即社會主義，故民族革命而苟能成功，必歸着於國家資本主義也。

弱小民族之民族革命，既須與先進國無產階級聯絡，始能實現，然歐美各國之勞工貴族果有誠意與弱小民族携手乎？反之，民族革命不能單獨行動乎？此應發生之第三疑問也。

依社會運動之原理言，勞動者無國界之可分，然勞動者國界之消除，由漸而進，非一朝一夕所能完全實現。歐戰當時，第二國際違背平時非戰主義之主張，參加帝國主義大戰，卒因此以致瓦解，各國勞動者之覺悟分子，均相繼脫離第二國際，而有第三國際之組織。此第三國際之無產分子，皆能化除國界者也。不惟第三國際已也，即復活之第二國際，對於曩時盲目愛國行動，亦曾發生責任問題之爭執，足見其尚有悔悟之心也。故勞動者國界之化除，直爲程度問題而已。中國五卅運動本爲國民運動之性質，然英德法日諸國無產階級，均曾與以精神上物質上之援助，俄國更無論矣，日本無產政黨且以取消不平等條約列爲黨綱之一，是即先進國無產階級與中國民族携手之事實也。前此中英中法中日乃至庚子聯軍之役，彼英美法德日諸國之無產階級固未嘗有此種表示也。先進國無產階級之與弱小民族聯絡，隨帝國主義之猖獗而日益顯明，隨弱小民族民族革命之進展而日趨鞏固。今日英美各國勞動者所以尙未實行激烈革命而被世人目爲勞工貴族者，實緣本國資本階級尙能於弱小民族掠得超越利潤，彼等猶得分潤於『國民的』資本利得也。他日弱小民族反帝國主義運動日亟，則彼等亦將喪失其勞工貴族之地位，而降居同一之水平線矣。中國五卅案發生以後，廣東國民政府積極反英之結果，致使英國數十年慘淡經營造成之經濟侵略根據地之香港，一朝化爲荒島，帝國主義者之損失達十億之巨，遂至迫而出威嚇手段以臨中國，其手足失措之狀概可想見。苟印度及其他一切殖民地均能如中國南部之反英，則英國勞工貴族有不起而推翻彼國之帝國主義者乎？故先進國勞工貴族之與弱小民族聯絡，乃時間問題也。

若夫苟且僥倖，不與國際無產者相聯絡，思欲乘帝國主義互相猜忌或互相衝突之時，一舉而樹獨立之旗，以期脫離帝國主義之壓迫，此種機會主義在理想上未嘗不當，而在事實上殊難實現。此種獨立運動，卽使得逢千載一時之機會，幸而奏效，然其結果亦不過脫離甲派帝國主義之支配而轉受乙派帝國主義之壓迫，如芬蘭波蘭之脫離俄羅斯而受法蘭西帝國主義者之庇護，如美索不達米亞諸國之脫離土耳其而受英法兩國帝國主義者之支配已耳，欲永遠脫離帝國主義者之壓迫不可得也。此種機會主義之民族革命，較不革命尤爲有害，不可不察也。

最後必更有疑問焉：民族之歷史自古迄今數千年，民族意識果能因世界革命而消滅乎？

人類之言語風俗習慣乃至皮膚之色澤不必盡同，民族意識信乎其不能消滅也。雖然，民族意識卽不消滅，於人類何害？所可畏者，利用民族意識以助長其政治作用，帝國主義之所以爲害於人類，正因其附加政治性質於民族意識之上而發展爲國民主義耳。將來民族意識苟能消失其政治的性質，亦猶鄉土感情之類也。湘人之於贛人，漢人之於滿人，苟不利用其鄉土感情以互相鬥毆，則鄉土感情雖永遠存在可也。然此屬於數十百年以後事，吾人在今日殊無推測之必要也。

第十八章　社會之將來

凡科學皆有前知性。前知性云者，卽就吾人研究科學所得之知識，發見支配科學現象之理法，推知其推移進化之趨勢，暗示其變革之規範與方法之謂也。在自然科學之範圍，關於自然現象之人爲的變化，吾人得應用已知之知識指導之；在社會科學之範圍，關於社會現象之人爲的變化，吾人得應用研究歷史的社會的事實所得之結果決定之。社會之現象雖極其複雜，社會之變化雖極其紛繁，然吾人苟能究知此複雜之現象所以分化及此紛繁之變化所以演成之根本原動力，則社會進化之極致與夫未來社會之狀態，固不難循此根本原動力推求而得也。社會之歷史的進化雖有一定，吾人固難脫離歷史之束縛，而吾人對於社會之歷史的進行，亦可藉努力活動之意識以促進之。是故推測社會進化之目的，豫言其進行之途徑，並究知人類遵行此途徑與達到此目的之方法，乃社會學最大之任務，亦卽吾人精神上之願望也。

社會學之派別甚多，其推論社會之最高原理也，亦各有其不同之見解。有謂未來社會爲最大多數最大幸福之社會者，有謂爲個性能充分發達之社會者，有謂爲自由平等實現之社會者，就此等見解綜合觀察之，一切社會學者之學說實有一致之點，即社會必由強制佣暴不正義之狀態進至自由平等博愛之狀態是也。惟此種自由平等博愛之未來社會狀態，非經濟進於最高階段不能實現，故所謂自由平等博愛之社會實即共產社會也。社會進化之極致必達於共產社會，此乃一切社會思想家所公認，而與近今社會學者之主張亦無衝突之點。至於此種理想社會究應如何實現，其方法則隨時與地而各有不同，要當根據各國社會經濟之狀態而定之，本書不欲多所推論矣。